Bericht

über die

achte Versammlung deutscher Historiker

zu Salzburg.

31. August bis 4. September 1904.

Erstattet von dem Bureau der Versammlung.

Leipzig,
Verlag von Duncker & Humblot.
1905.

Dem vorliegenden Berichte liegen stenographische Aufzeichnungen, sowie schriftliche Mitteilungen zu Grunde, welche die Herren Vortragenden und Teilnehmer an der Debatte zur Verfügung gestellt haben. Sämtlichen Rednern haben die über ihre Ausführungen berichtenden Stellen vor der Drucklegung vorgelegen.

Dr. **Armin Tille.**

Inhalt.

                                                                        Seite

1. Allgemeines 1
2. Erste Sitzung:
    a) Eröffnung 3
    b) „Die Entstehung des spartiatischen Staates in der lykurgischen Verfassung", Vortrag von Prof. Dr. Karl Johannes Neumann (Straßburg) 5
    c) „Philipp der Schöne", Vortrag von Hofrat Prof. Dr. Finke (Freiburg) 9
3. „Salzburgs Stellung in der Kunstgeschichte", öffentlicher Vortrag von Prof. Dr. Alois Riegl (Wien) 14
4. Zweite Sitzung:
    „Über Herausgabe von Quellen zur Agrargeschichte des Mittelalters", Referat und Korreferat von Prof. Dr. Dopsch (Wien) und Privatdozent Dr. R. Kötzschke (Leipzig) 18
5. „Das deutsche Hauptquartier zu Versailles und der Streit über die Bekämpfung von Paris 1870", öffentlicher Vortrag von Prof. Dr. Wilhelm Busch (Tübingen) 33
6. Dritte Sitzung:
    a) „Die Entstehung der Landgerichte auf bayerisch-österreichischem Rechtsgebiete", Vortrag von Prof. Dr. H. v. Voltelini (Innsbruck) 35
    b) „Über neue Quellen zur Geschichte des Wiener Kongresses", Vortrag von Prof. Dr. A. Fournier (Wien) 39
7. Festmahl und Ausflug nach Hohenwerfen 42
Anhang I. Geschäftsbericht des Verbandes deutscher Historiker . . . 44
Anhang II. Bericht über die sechste Konferenz von Vertretern landesgeschichtlicher Publikationsinstitute 46
Anhang III. Die Ausstellung in der Benediktinerabtei St. Peter . . 57
Anhang IV. Verzeichnis der Teilnehmer an der achten Versammlung deutscher Historiker 62
Anhang V. Mitglieder des Verbandes deutscher Historiker im Jahre 1904 67

Allgemeines.

Mittwoch, den 31. August, fand nachmittags 5 Uhr im Schlosse Mirabell, dessen Marmorsaal seitens der Stadt Salzburg für die Verhandlungen zur Verfügung gestellt war, eine Sitzung des Verbands= und Ortsausschusses statt.

Abends um 8 Uhr trafen sich die Teilnehmer zur Begrüßung im Stiegelkeller, wo Prof. Oswald Redlich (Wien) als Vorsitzender des Verbandes deutscher Historiker die Erschienenen bewillkommnete. Nach Begrüßungsansprachen seitens des Ehrenvorsitzenden des Ortsausschusses, Sr. Exzellenz des Grafen Gandolf Kuenburg, des Salzburger Vizebürgermeisters Dr. Hermann v. Vilas und des Archivdirektors Dr. Schuster erfolgte die übliche Vorstellung, indem jeder seinen Namen und Wohnort nannte.

Der Ortsausschuß bestand aus: Sr. Exzellenz Grafen Gandolf Kuenburg, k. k. Minister a. D., als Ehrenvorsitzenden, Archivdirektor Dr. Richard Schuster[1] als Vorsitzenden, Vizebürgermeister Dr. Hermann v. Vilas als Vertreter der Stadtgemeinde, Prof. Dr. Hans Widmann und Prof. Olivier Klose als Vertreter der Gesellschaft für Salzburger Landeskunde und des städtischen Museums Carolino-Augusteum, Archivar Dr. Andreas Mudrich, Prof. Dr. Karl Köchl, Bibliothekspraktikant Dr. Ernst v. Fritsch.

Im Empfangsbureau der Versammlung, dessen Leitung Herr Prof. Dr. Karl Köchl übernommen hatte, empfingen die Teilnehmer außer der Teilnehmer= bezw. Mitgliedskarte:

1. Mitteilungen des Instituts für österreichische Geschichtsforschung, unter Mitwirkung von Alf. Dopsch, E. v. Ottenthal und Fr. Wickhoff, redigiert von Oswald Redlich. VII. Ergänzungsband, 1. Heft. Innsbruck 1904. 214 S. 8°.

---

[1] Ein tragischer Unglücksfall raffte am 5. Januar 1905 diesen trefflichen Mann im Alter von 37 Jahren dahin.

2. **Deutsche Geschichtsblätter, Monatsschrift zur Förderung der landesgeschichtlichen Forschung,** herausgegeben von Dr. Armin Tille. V. Band 11/12. Heft. S. 275—330.

Außerdem erhielten gelegentlich des Ausfluges nach Hohen=werfen am 4. September die Teilnehmer als Geschenk Sr. kaiserl. Hoheit des Erzherzogs Eugen je ein Exemplar von: „Veste Hohen=werfen, ein geschichtlicher Führer" von Dr. M. Mayr mit Photographien und Zeichnungen von A. Weber, Architekt (Innsbruck, Wagner 1903, 75 S. 8°) eingehändigt.

Im Stifte St. Peter hatte Prälat P. Willibald Hau=thaler eine sehenswerte Ausstellung von Urkunden, Handschriften und Kunstschätzen veranstaltet, und zwar außerhalb der Klausur, so daß auch die Damen an der Besichtigung teilnehmen konnten. Die Versammlungsteilnehmer fanden sich an den Nachmittagen des 1. und 2. September in zwei Abteilungen ein und nahmen mit großem Interesse von den in hohem Maße sehenswerten Gegen=ständen Kenntnis. Eine Beschreibung der Ausstellung aus der Feder Hauthalers folgt unten S. 57 als Anhang III.

Erste Sitzung.

Donnerstag, den 1. September, vormittags 9 Uhr im Marmorsaale des Mirabellschlosses.

Als Vorsitzender des „Verbandes deutscher Historiker" er=öffnete Prof. Oswald Redlich (Wien) die Versammlung. „Es war im vorigen Jahre in Heidelberg beschlossen worden — so führte er aus — „daß die Vorbereitungen zu dieser Tagung von Wien aus getroffen werden sollten, und Prof. Mühlbacher wurde damals als Leiter bestimmt. Ein grausames Geschick hat uns nach wenigen Monaten den unvergeßlichen Mann entrissen; wir wollen dem hervorragenden Forscher, dem markigen Manne, dessen allzufrühes Hinscheiden wir beklagen, ein pietätvolles An=denken bewahren.

Durch das Vertrauen des Verbandsausschusses wurde mir die Vorbereitung dieses Tages und seine Leitung übertragen. Nicht Wien ward zum Versammlungsort ausersehen, da wir mit gutem Grunde den Besuch allzugroßer Städte vermeiden. Die Historiker=tage tragen von Anbeginn an den Charakter der Einfachheit und der Einheitlichkeit. Die Einfachheit bewahrt uns vor einem Mißverhältnis zwischen äußerem Aufwand und innerem Gewinn. Die Einheitlichkeit aber mahnt uns von Zeit zu Zeit daran, daß unsere Wissenschaft den einen großen, ununterbrochenen Strom des menschlichen Geschehens und Werdens darzustellen hat, den jeder von uns nach dieser oder jener Seite durchforscht und bearbeitet. Sie mahnt uns, bei allem gewiß notwendigen Spezialistentum doch den großen Zusammenhang im Auge zu behalten in Forschung und Lehre, und daß die verschiedenen Richtungen geschichtlichen Forschens einig sind in der streng wissenschaftlichen Methode. In diesem Sinne möge uns dieser Tag neue und frische Anregung gewähren. Er möge aber auch das persönliche Kennenlernen, die persönliche Annäherung und das persönliche Verständnis der Teilnehmer fördern und ihnen den köstlichen Gewinn bringen, den solche Versammlungen gewähren können.

Salzburg ist die bedeutsame Stätte, von der die Christianisierung, Kolonisierung und Germanisierung der südöstlichen Marken ausstrahlte, der wir es mit verdanken, daß auf ihrem Boden deutsche Historikertage gehalten werden können. Denkmäler einer mehr als tausendjährigen Kultur umgeben uns. Besonders wertvolle und für den Historiker bedeutungsvolle Monumente werden wir im Stift St. Peter kennen lernen, dessen Abt einer der verdienstvollsten Erforscher der Geschichte Salzburgs ist. Wir tagen in dieser Perle österreichischer Städte, und wir österreichischen Historiker danken es Ihnen allen, daß ein österreichischer Ort für diese Tagung gewählt ward. Sie haben uns einen jener freudig begrüßten Tage verschafft, an denen wir in gemeinsamer Arbeit unsere Wissenschaft zu fördern streben. So begrüße ich Sie denn, verehrte Fachgenossen, die Sie aus allen Gauen hier zusammengeströmt sind, aufs herzlichste, ganz besonders aber den Vertreter der hohen Landesregierung, Herrn Hofrat Freiherrn von Myrbach, den Vertreter der autonomen Landesverwaltung, Herrn Landeshauptmann Dr. A. Schumacher und den Vertreter der Stadt Salzburg, Herrn Vizebürgermeister Dr. von Vilas. Dem Entgegenkommen der Stadt danken wir es ja, daß wir unsere Versammlung in diesem herrlichen Saale voll historisch-ästhetischen Zaubers abhalten können.

Ich erkläre die achte Versammlung deutscher Historiker für eröffnet."

Hofrat Freiherr v. Myrbach dankte für die an ihn gerichteten Worte und begrüßte im Namen der k. k. Landesregierung die Versammlung unter Betonung der Bedeutung, die der Geschichtsforschung für die kulturelle und wirtschaftliche Entwicklung des modernen Staates zukommt. Diesen Wert habe auch der Staat erkannt und sei deswegen bemüht, die Geschichtsforschung auf jede Weise zu fördern. Die geschichtlichen Denkmäler, die den Versammlungsteilnehmern hier vor Augen ständen, möchten die Verhandlungen günstig beeinflussen, wie die Schätze Salzburgs an geschichtlichem Quellenmaterial noch weiter Anlaß zu erfolgreicher Durchforschung geben möchten. Indem Redner noch besonders auf das Archiv der k. k. Landesregierung hinwies und seine wissenschaftliche Benutzung empfahl, hieß er die Versammlung willkommen. Landeshauptmann Dr. Schumacher begrüßte unter Dank gegenüber dem Vorsitzenden die Teilnehmer im Namen der Landesverwaltung und der Bevölkerung des Herzogtums Salzburg, die der Landesgeschichte viel Teilnahme entgegenbringe und die deshalb auch den Geschichtsforschern freundlich gegenüberstehe. Da nach Schiller die Weltgeschichte das Weltgericht sei, so bittet Redner zum Schluß die Anwesenden als die Beisitzer dieses obersten aller Gerichtshöfe, mit Salzburg nicht zu streng ins Gericht zu gehen, und wünscht den Beratungen besten Erfolg.

Im Namen der Landeshauptstadt ergriff Vizebürgermeister Dr. v. Vilas das Wort und betonte, daß die Stadt die Ehre des Besuches seitens der Historikerversammlung wohl zu schätzen wisse. Je tiefer die geschichtliche Forschung in das Wirrsal der Vergangenheit eindringe und nach echter Wissenschaft Brauch Licht und Schatten gleichmäßig verteile, desto mehr werde sich die Richtigkeit des Satzes erweisen: „Die Geschichte ist eine Lehrmeisterin der Völker." Mit dem Wunsche, daß die gegenwärtigen Verhandlungen dazu beitragen möchten, diesem idealen Ziele näher zu kommen, begrüßt der Redner die Versammelten im Namen der Stadt Salzburg.

Prof. Redlich dankte den Sprechern und fügte hinzu, der Historikertag trage zwar den Charakter einer allgemeinwissenschaftlichen Diskussion und berühre Themata aus allen Gebieten des geschichtlichen Lebens. Aber immer habe der Historikertag eine engere Verknüpfung mit dem Orte der Tagung angestrebt, wie denn diesmal uns ein Vortrag über Salzburgs Stellung in der Kunstgeschichte unterrichten werde. Der Fortschritt der allgemeinen Geschichtswissenschaft soll umgesetzt werden in die lokalen Kreise geschichtlicher Forschung, und auch in dieser Richtung soll unsere Tagung Anregungen bieten. Möge sie in dem engeren Kreise der salzburgischen Geschichtsforscher und Geschichtsfreunde fruchtbar werden und so die Wechselwirkung zwischen der allgemeinen Geschichtswissenschaft und der territorialen Geschichtsbetrachtung herstellen.

Der Vorsitzende teilte ferner mit, daß nach der Geschäftsordnung zwei Mitvorsitzende und zwei Schriftführer zu wählen seien und schlug im Namen des Verbandsausschusses vor, zu ersteren die Herren Geh. Rat Prof. v. Heigel (München) und Archivdirektor Prof. Dr. Hansen (Köln), zu letzteren die Herren Dr. Armin Tille (Leipzig) und Privatdozent Dr. Lechner (Wien) zu wählen. Diesen Vorschlägen entsprach die Versammlung. Schließlich berichtete der Vorsitzende noch, daß es leider Herrn Sektionschef Dr. Theodor v. Sickel, der zur Kur in Reichenhall weile, sein Gesundheitszustand nicht gestatte, persönlich zu erscheinen, daß er aber die Versammlung begrüße und den Verhandlungen mit größter Teilnahme und den besten Wünschen folgen werde.

Hierauf wurde nach einer kleinen Pause in die wissenschaftlichen Verhandlungen eingetreten, und als erster Redner nahm um 10 Uhr das Wort Prof. Dr. Karl Johannes Neumann (Straßburg), der „Die Entstehung des spartiatischen Staates in der lykurgischen Verfassung"[1] behandelte. Er führte etwa aus:

Wenn es in Sparta auch keine geschriebenen Gesetze, keine Nomoi, und also auch keinen Gesetzgeber wie Drakon, Solon oder die Dezemvirn gegeben hat, so gab es dort doch eine Verfassung, eine Staatseinrichtung, eine Politeia, die sogenannte lykurgische, und es ist die Frage, ob diese Verfassung allmählich geworden ist oder auf einen einmaligen Akt zurückgeht. Rein quellenkritisch läßt sich wohl die Entwicklung der Vorstellungen von dieser Verfassung darlegen, aber die oben gestellte Frage selber nicht beantworten; sogar Bedeutung und Ursprung der großen Rhetra sind kontrovers, und durch das Haften an der Rhetra ist eine Entscheidung, ist die Einsicht in die Genesis des spartiatischen Staates nicht zu gewinnen. Aber diese Einsicht ist zu erreichen, mag die Rhetra echt sein oder unecht, und zwar von den uns durch die Quellen wohl bekannten Zuständen aus und durch Rückschlüsse aus ihnen. Auszugehen ist von den drei alten dorischen Phylen.

Was sind Phylen? Die ältesten Phylen waren Stämme.

Im nordwestlichen Griechenland haben die ursprünglichen Zustände sich länger erhalten als im Osten. Wie in Ätolien noch in später Zeit die verschiedenen Stämme nebeneinander stehen, so im ältesten Attika — einen Stamm der Attikoi hat es nie gegeben — vier Stämme. An der Kolonisation der kleinasiatischen Küste, wo aus verschiedenen Bestandteilen der ionische Stamm zusammenwuchs, waren diese vier attischen Stämme stark beteiligt, und aus dieser Wanderung ist die Entstehung der ionischen Phylen zu erklären: nicht die attischen Phylen sind ionisch, sondern die ionischen Phylen sind attisch. Auch die drei alten dorischen Phylen sind nur aus der Geschichte der Wanderungen zu erklären. Nicht hierher gehört die ganz für sich stehende Wanderung der Ätoler nach Elis, die dorische Wanderung aber hat zum Ausgang die Landschaft vom Öta bis zum malischen Busen, wo drei Stämme, die der Hylleis, Pamphyloi und Dymanes, beieinander gesessen

---

[1] Vollständig wird der Vortrag in der „Historischen Zeitschrift", Bd. 95, erscheinen.

haben müssen und gemeinsam auf Wanderung zogen; vom malischen Busen aus sind sie, wohl zu Schiffe, um Sunion und das argivische Ostkap herum nach dem Peloponnes gekommen, nach Argos und nach Korinth. Ob sie in das Eurotastal von Argos aus, oder zu Schiffe von Süden her kamen, bleibt die Frage.

Das Eurotastal eroberten sie nicht mit einem Male, sondern in zwei Scharen. Darauf wird das spartanische Doppelkönigtum zurückgehen. In beiden Scharen befanden sich Hylleis, Pamphyloi und Dymanes, die Könige aber waren aus dem Stamm der Hylleis.

Der hellenische Stamm, den die Dorier im Eurotastale vorfanden und unterwarfen, wurde zu Hörigen, zu Heloten, und die Dorer setzten sich über sie als ihre Herren, ihre Grundherren. So ist im Eurotastale Grundherrschaft und Hörigkeit durch die Eroberung begründet worden.

Wesen von Grundherrschaft und Hörigkeit. In der Regel, wenn auch nicht ausschließlich — vgl. den Kolonat der römischen Kaiserzeit — entsteht sie durch Einwanderung und Eroberung, so in Palästina, in Thessalien und auf Kreta, in Syrakus, in Etrurien, in Latium. Im Eurotastale ist sie durch die dorische Eroberung begründet worden, und nach der Eroberung Messeniens wurde sie dorthin übertragen. Konkretes Bild der dortigen Hörigkeitsverhältnisse.

Die Landaufteilung Lakoniens ist nicht eine Rückspiegelung aus den Zeiten des Agis und Kleomenes, sondern gehört der älteren Überlieferung an und ist auch innerlich notwendig; sie war unvermeidlich, als die Dorier das Eurotastal unterworfen hatten und sich als Grundherren über die ältere Bevölkerung setzten. Eine Organisation der Grundherrschaft war notwendig. Die Grundherrschaft ist eine agrarische Ordnung, bei der die Grundherren, die nicht selber Landwirte zu sein brauchen, in der Stadt wohnen können, und in der Tat haben die Eroberer sich zusammen in der Stadt Sparta niedergelassen. In drei Stämmen waren sie hingekommen, den drei alten dorischen Phylen: jetzt aber trat eine neue Ordnung ein, die der fünf neuen Phylen, den fünf Dörfern entsprechend, aus denen Sparta bestand und wo die herrschenden Spartiaten wohnten. Die Unterabteilungen der Phylen sind die Oben, eine Einteilung des Landes, und diese ländlichen Oben können Unterabteilungen der städtischen Phylen sein, weil die Phylenangehörigkeit der Grundherren die Vermittlung herstellt. Man sieht deutlich, die neue Phylenordnung organisiert die Grundherrschaft, und sie ist zugleich die Grundlage der Heeresordnung, der fünf Lochoi. Es handelt sich hier um einen einmaligen Akt, **die sogenannte lykurgische Verfassung ist diese auf der Organisation von Grundherrschaft und Hörigkeit ruhende militärisch=politische Ordnung des spartia=**

tischen Staates nach Vollendung der Eroberung des Eurotastales. Weitere Ausbildung dieser Verfassung. Die kretischen Analogien. Zusammenhang von Wirtschaft und Verfassung. Aus welcher Zeit stammt die Verfassung? Fünf Lochoi, fünf Phylen, fünf Dörfer — fünf Ephoren. Die Ephoren waren ursprünglich die Schultheiße der fünf Dörfer. Das Wesen und die Bedeutung der neuen Verfassung liegt nicht in der Begründung des Ephorates, aber das Ephorat läßt uns ihre Entstehungszeit erkennen; die Ephorenliste, die das Altertum besaß, begann mit dem Jahre 754. War diese Liste zuverlässig, so ist die neue Verfassung eben damals ins Leben getreten. Militärische Wirkung dieser Verfassung: der erste messenische Krieg und damit der Abschluß der dorischen Wanderung. Grundherrschaft und Hörigkeit werden auf die eroberte messenische Ebene übertragen.

Grundherrschaft und Hörigkeit sind aber eine agrarische Ordnung für das Land, auf die Städte dagegen nicht ohne weiteres übertragbar. Die Bevölkerung der eroberten Städte wurde daher nicht hörig, weil sie nicht hörig werden konnte, sie bleibt persönlich frei, aber ist politisch rechtlos, es sind die Periöken. Das Zusammenfallen von Periökentum und Städtewesen hängt zusammen mit der Unvereinbarkeit (scheinbare Ausnahmen erörtert) von Städtewesen und Hörigkeit. Entwicklungsgang der Periöke. Die Kynuria.

Wer war der Begründer der Verfassung? Die Könige, die um 754 über die Dorer des Eurotastales geboten. Dann lebte man in dieser Verfassung und zunächst wohl, ohne an ihren Ursprung weiter zu denken. Aber später fing man an zu reflektieren und führte diese herrliche Ordnung, ebenso wie in Kreta, auf die Gottheit zurück, in Sparta auf den Gott Lykurgos. So galt Lykurgos als Urheber des spartiatischen Kosmos. Aber Gesetzgeber sind Menschen, und so wird der Gott, so wird Lykurg zum Menschen. Freilich schwankt man noch zwischen dem Menschen und dem Gotte, und aus dieser Übergangszeit stammt das delphische Orakel über Lykurg, dann aber bringt die Menschheit Lykurgs durch. König war er indessen nicht, denn er stand nicht in den Königslisten, also — war er Vormund eines Königs. Aber welches? Und aus welchem Königshause? Und aus welcher Generation? Lykurgs Ansetzung nach der Generationenrechnung läßt sich schon bei Thukydides nachweisen. Um 400 die Publizistik. Die Rhetra. Aristoteles.

Blütezeit Spartas, auch auf geistigem Gebiete. Goethes Über allen Gipfeln und Alkman. Spartanische Disziplin und ihr Erfolg. Sparta zeigt, was der grundherrliche Staat in extremer Einseitigkeit der Durchführung leisten kann. Aber nicht jede Form des Staates paßt für alle Zeiten. Durch die lykurgische Verfassung ist Sparta groß geworden, und an ihr ist es zugrunde gegangen. Sparta hat wohl einen „Lykurg", aber keinen „Servius Tullius" gesehen, lykurgische und servianische Verfassung sind Gegenpole, die Hörigkeit, wie die lykurgische Verfassung sie in Sparta organisiert hat, ist in Rom durch die servianische Verfassung aufgehoben worden. Der spartiatische Staat hat Großes geleistet, aber seine Leistung bleibt zurück hinter der servianischen Staats= und Heeres= ordnung; in dieser Ordnung haben die freien Bauern der Kam= pagna Latium, Italien und die Welt erobert. Ein Großes ist die Disziplin, ein Größeres die mit der Disziplin geeinte Freiheit.

Die Erörterung eröffnete Prof. v. Below (Tübingen) mit der Bemerkung, daß sich die Arbeiten Knapps und seiner Schüler über die verschiedenen Formen der Grundherrschaft und Hörigkeit auch für andere Perioden außerordentlich fruchtbar machen ließen, wenn natürlich auch eine willkürliche Übertragung der Verhältnisse von einem Volke auf das andere unstatthaft sei. Aber als heuristisches Prinzip mit der nötigen Kritik angewandt, könne eine solche Vergleichung zu einer erheblichen Erweiterung unserer An= schauungen führen, und es würde sich empfehlen, besonders auch die Verhältnisse des früheren deutschen Mittelalters nach derselben Methode der Rekonstruktion, die Prof. Neumann so erfolgreich an= gewandt habe, zu betrachten.

Prof. Kaufmann (Breslau) bezeichnete den Vortrag be= sonders deswegen als methodologisch interessant, weil der Vor= tragende sich zu beschränken gewußt habe. Es sei ein durchaus richtiger Grundsatz, sich von allem fern zu halten, was man nicht lösen könne, und deshalb sei die erste Frage für den Forscher die, was man überhaupt mit den vorhandenen Mitteln erreichen könne.

Anknüpfend an das in einer Begrüßungsansprache gefallene Wort vom Weltgerichte und seinen Beisitzern stellte Redner ferner fest, die Historiker seien keine Weltrichter, sie hätten nur darzustellen, wie sich die Dinge vollziehen und welche Kräfte ihnen ihre Gestalt verleihen. Darüber hinaus sei nicht zu gelangen und man müsse sich damit bescheiden, wenn man die entsprechenden Resultate gewinne.

Privatdozent Albrecht Wirth (München) bemerkte, daß die Verhältnisse auf Kreta, die der Vortragende auch herangezogen habe, wohl manches zur Lösung der spartiatischen Fragen beitragen könnten. Das Labyrinth hängt mit Labrandos, der Doppelaxt des Gottes Tarhu, des Gottes der alarodischen Gruppe, zusammen. Nun finden sich aber die mannshohen Tongefäße des Labyrinths noch heute in Kurdistan, dem Ursitz der Urartu, und es liegt daher nahe, eine Verbindung der Kreter mit letzteren anzunehmen. Auch sie waren überdies im Tiefbau bedeutend; vor 2600 Jahren errichtete Wasser= leitungen funktionieren heute noch und besser als die römischen, und dieses Talent des Tiefbaues mag sich auf die kretische Rasse vererbt haben. Auch frage sich, ob nicht der Unterschied in der Entwicklung der spartanischen und römischen Landverfassung auf den Rassenunterschied zwischen Siegern und Besiegten zurückzuführen sei. Die kretischen Sklaven, die $μνῴα$, seien die Manäer Tabaristans. Hommel hat den Namen der Pelasger mit dem der Philister verglichen und t nur als ein anderes Pluralsuffix als g aufgefaßt. Kreta ist das Karerland, Kartu, und die könnten sehr wohl von Kleinasien nach Kreta gekommen sein und nicht, wie der Vortragende annahm, von Thessalien aus.

Prof. v. Scala (Innsbruck) dankte dem Redner für seinen Vortrag wegen der Anwendung der modernen Forschung über Grundherrschaft und Bauernbefreiung auch auf die spartanische Verfassung und betonte, daß solche auf Rückschlüssen beruhende Forschungen notwendigerweise zu anderen und sichereren Ergebnissen führen mußte als die in manchen Punkten noch immer herrschende Methode der Staatsaltertümer. Die historische Kritik ist bei letzterer gleichfalls zu ihrem Rechte gekommen, aber sie hat sich vornehmlich auf die Quellen gerichtet. Alle diese Ergebnisse solcher Untersuchungen habe aber erst der heutige rekonstruktive Vortrag in einen schönen Zusammenhang mit einander gebracht. Die Kritik habe zwar erwiesen, daß die Stoa eine große Bedeutung für die Entstehung der lykurgischen Legende gehabt habe, aber sie bleibe einseitig, solange nicht die wirtschaftlichen Zustände in den Vordergrund gestellt würden, und dies sei heute geschehen. Es sei nur auf die glückliche Erklärung der Fünfzahl hinzuweisen oder auf die Stellung der Periöken, die jetzt in ganz anderem Lichte erscheine. Wenn er von der Meinung des Vortragenden abweiche, so sei dies hauptsächlich im Punkte der Chronologie der Fall. Wenn das Jahr 754 auch nicht ganz sicher erscheine, so sei der Versuch, die Umbildung des Gottes Lykurg in den Menschen Lykurg zu erklären, um so glücklicher, und diesen Umgestaltungsprozeß gerade habe der Vortragende überzeugend in den Zusammenhang eingereiht.

Prof. Redlich (Wien) schloß die Debatte mit dem Dank an den Vortragenden und der Bemerkung, daß man es in Sparta offenbar doch mit einer einmaligen gesetzgeberischen Tat zu tun habe und daß diese Erkenntnis wohl zu einer gewissen Vorsicht bei der Anwendung des Begriffes „Entwicklung" mahne.

———

Um 12 Uhr begann Hofrat Prof. Dr. Heinrich Finke (Freiburg i. B.) seinen Vortrag: „Philipp der Schöne" und führte etwa folgendes aus:[1]

[1] Der Vortrag erscheint vollständig in den „Mitteilungen des Instituts für österreichische Geschichtsforschung". 26. Bd.

Auch in unseren Tagen ist in Frankreich der Name Philipps des Schönen nach Ludwig d. H. und Ludwig XIV. der im Volke bekannteste aus der langen Reihe der Kapetinger. Das Urteil der Geschichtsforscher über Philipp hat vielfach gewechselt, zumal da es, wie bei vielen anderen hervorragenden Personen des Mittelalters, an einem zeitgenössischen Biographen gefehlt hat. So müssen seine Charakterzüge einzeln aus den Handlungen abgeleitet werden. Bei Philipp ist eine solche Analyse deshalb besonders kompliziert, weil sich die Frage erhebt: Inwieweit handelte er selbständig und wie weit reichte vor allem der Einfluß seiner bedeutenden Minister? War er selbst nur ein schwacher Charakter und ein mittelmäßiger Staatsmann? Dupuy im 17. und Boutaric im 19. Jahrhundert haben in ihm den energischen, tatkräftigen, die Verhältnisse allein dirigierenden Monarchen gesehen, deutsche Historiker, wie Wenck und Holtzmann, neigen zu einer ähnlichen Auffassung, während der neueste Darsteller der Zeit Philipps des Schönen, Langlois, in der Histoire de France ausdrücklich betont, daß wir von Philipps Persönlichkeit aus der zeitgenössischen Berichterstattung sozusagen nichts wissen und daß Philipp wahrscheinlich persönlich unbedeutend gewesen sei.

Der Vortragende hatte gehofft in dem reichen Archiv der Krone von Aragon zu Barcelona, in der sich gerade für die Zeit des angehenden 14. Jahrhunderts eine überaus reiche diplomatische Korrespondenz erhalten hat, auch für die Lösung dieser Frage Material zu finden. Bietet doch sonst das Archiv so manches Überraschende für die Charakteristik der Päpste, Kardinäle, Staatsmänner dieser Zeitepoche. Wohl werden die spanisch-französischen Beziehungen vielfach aufgehellt, sind persönliche Briefe einzelner Glieder der französischen Königsfamilie vorhanden, von Philipps Hand aber keine Zeile: nur Staatsdokumente finden sich. In den Berichten der aragonesischen Gesandten wird nur ein einziges Mal 1309 ein persönliches Urteil über Philipp gefällt, daß er arm sei und wenig geachtet, sonst herrscht begreifliche Zurückhaltung.

Aus den tatsächlichen Angaben der Berichte klingen zwei Leitsätze immer wieder heraus: 1. eine gewisse Scheu vor der stetigen alles umfassenden Politik der französischen Machthaber, und 2. vor ihrem seit 1305 so gewaltigen Einfluß auf die Kurie. Jedoch gilt dieses mehr allgemein für die Regierung. Die Persönlichkeit Philipps tritt zu verschiedenen Malen in auffälligster Weise in den Hintergrund; selbst dort, wo es sich um Familiensachen handelt, vermeidet der König die direkte Aussprache mit den Gesandten und verweist sie an seine Minister. Freundschaftliche Unterredungen, die vom aragonesischen Herrscher gewünscht werden, will er erst nach genauester Feststellung des Verhandlungsprogrammes zugestehen. Einen verwandten Zug weisen auch die Prozeßakten des Bernard Delicieux auf. Von hervorragender Wichtigkeit ist für die Lösung des Problems die Beantwortung der Fragen: War Philipp b. Sch. der Urheber des Attentates von Anagni? des Prozesses gegen das Andenken Bonifaz VIII.? des Templerprozesses? Gewöhnlich wird Philipp für alle drei Punkte als Urheber bezeichnet. Tatsächlich ist aber die erste, die vornehmlich leitende Kraft in allen drei Fällen anderswo zu suchen. In seinem Werke über Bonifaz VIII. hat Redner ausführlich den Nachweis erbracht, daß seit 1295 die großen kirchlichen Würdenträger den Papst dem französischen Hofe gegenüber als Häretiker brandmarkten und daß Philipp von dieser Seite angefleht worden ist, einzugreifen. Als Haupturheber des Attentates von Anagni (1303) muß Nogaret gelten, wenn auch der König darum gewußt haben mag. Ganz ohne Vorgang in der Geschichte ist der Prozeß gegen das Andenken Bonifaz VIII., den man der Häresie und Dämonenverbindung zieh; der Prozeß bedeutet die Umkehrung der Inquisition, die jetzt Laien an dem Haupte der Kirche üben, wie sie später den Templerorden als einflußreiche Institution des kirchlichen Organismus angreifen. Nach Ansicht des Redners sind es seit 1308 Kardinäle, die neben Nogaret den König in seinem Vorhaben bestärken, vielleicht den Plan sogar wachgerufen haben, allen voran Napoleon Orsini, der auch sehr wohl der Verfasser der Schrift Realis veritas sein kann. Der Urheber des Templerprozesses ist der in neuerer Zeit ins Reich der Fabel verwiesene Squin von Floiran: er hat wirklich existiert, denn ein Brief von ihm an den König von Aragonien, worin er sich als Urheber des Prozesses bekennt, ist erhalten. Ob er freilich aus eigenem Antriebe, oder von Nogaret dazu geworben, als Ankläger aufgetreten ist, muß dahingestellt bleiben. So ist Philipp selbst gewiß nicht der Erfinner der Anklagen, um seiner Rachsucht und Geldgier zu genügen; er hat höchstens die ihm suggerierten Ideen aufgenommen; denn der Haß vieler hochstehender Personen gegen Bonifaz überdauerte dessen Tod, und Mißgunst gegen die Templer beseelte sogar die, welche ihren Untergang beweinten. Daß Philipp persönlich die Anschuldigungen nicht geglaubt habe, ist nicht zu beweisen, ja nicht einmal wahrscheinlich, wenn auch gleichzeitig in gewissen gebildeten Kreisen eine von der kirchlichen Denkweise abweichende aufgeklärte Geistesrichtung vorhanden war. Daß aber gerade Philipp diesen freien Ideen gehuldigt habe, davon kann nicht die Rede sein. Im Gegenteil wird er als streng kirchlich geschildert. Es fehlt auch an Andeutungen, die zu der Annahme berechtigen, er sei nur ein Heuchler gewesen; glaubte er aber die Anschuldigungen, dann ist sein Verfahren durchaus nicht mehr wunderbar, ja, wir können es für seine Zeit kaum anders erwarten. Die Zähigkeit, mit der Philipp an dem einmal gefaßten Entschluß festhielt, dürfte seinem Wesen am meisten entsprechen.

Die bisherigen Ausführungen bewegen sich mehr in der Richtung der Langloisschen Auffassung. Nun hat Wenck vor einigen Jahren auf einen Fund Schwalms hingewiesen, aus dem unzweifelhaft eine persönliche Anteilnahme Philipps an der Politik, im Gegensatz zu seinem Minister, hervorgeht; Wenck glaubt in Verbindung damit die französischen Weltherrschaftspläne als Philipps geistiges Eigentum betrachten zu dürfen. Ein vom Redner aufgefundenes kirchenpolitisches Reformprogramm zugunsten einer starken Machtvergrößerung des französischen Königshauses in Europa wie im Orient, das wohl nicht mit Unrecht dem seit 1305 verwitweten König zugeschrieben wird, zeugt von ähnlichen Gedanken Philipps. Aus beiden Erscheinungen allein darf man wohl nicht auf völlige Grundlosigkeit der Anschauung, als sei Philipp eine politische Null gewesen, schließen, wohl aber dürfte diese Anschauung dadurch erschüttert sein.

Redner tritt dann dafür ein, daß Philipp die Seele der französischen Politik seiner Zeit gewesen ist, mag er auch nicht überall die Initiative, vor allem bei den folgenschwersten Ereignissen, ergriffen haben. Er war unzweifelhaft der Durchführer, der Vollender. Nur so begreift man das Geschlossene und Einheitliche seiner Regierung. Hervorragende Männer standen ihm zur Seite, von 1302—1313 der geniale Nogaret; es waren einflußreiche Beamte, aber doch nur Beamte. Wäre er eine Null, ein Schwächling gewesen, so würde man nicht verstehen, warum der König allein durch das Erscheinen seiner Persönlichkeit die Dinge zur Entscheidung bringt, während alle seine Beamten, mit Nogaret an der Spitze, das nicht fertig brachten; wie z. B. auf dem Konzil von Vienne. Ausschlaggebend für die Beurteilung seines Wesens bleibt doch wohl sein Verhältnis zu Clemens V. Dieser sonst gar nicht so unselbständige, klar sehende Mann hat sich vor ihm in vielfach unwürdiger Weise gebeugt. Man hat sich das früher nur durch sagenhafte Versprechungen vor der Wahl des Papstes erklären können. Erklärlich ist dieses Verhalten nur, wenn wir in Philipp eine dem Papste an Willenskraft, wie an skrupelloser Politik überlegene Natur sehen.

Ist dieses richtig, dann trägt Philipp auch die Verantwortung für alles, was unter seiner Regierung geschehen ist, für Gutes und Tadelnswertes. Redner sucht am Schlusse die Bedeutung des Königtums Philipp des Schönen in der Geschichte zu bestimmen.

Die Debatte eröffnete Privatdozent Holtzmann (Straßburg), dankte dem Vortragenden, bezeichnete die neuen Aktenfunde

Finkes für geeignet, nach vielen Richtungen ein ganz neues Licht zu verbreiten, und sprach die Hoffnung aus, daß die neuen Funde recht bald veröffentlicht werden möchten. „Daß die Akten zu Barcelona, soviel sie über Persönlichkeiten in Frankreich und anderwärts enthalten, gerade über Philipp wenig bieten, kann kein Zufall sein; es kommt daher, daß sich der König wie wenige zurückgehalten hat, während er seine Diener immer vorschob. Die erzählenden Quellen sind nicht bindend, da ihre Verfasser über die Frage, wer der intellektuelle Urheber der französischen Politik war, gleichfalls nichts wußten; nicht sie, sondern die Tatsachen müssen uns darüber aufklären, ob der König oder seine Räte das treibende Moment darstellen. Der König hat tatsächlich im Mittelpunkte seiner ganzen Regierung gestanden; er ist die Quelle der einheitlichen, konsequenten Politik, keiner seiner Minister hat eine wirklich universale Stellung eingenommen. Philipp ist für alles verantwortlich, und gerade sein zurückhaltendes Wesen, das selbst Bonifaz VIII. und Clemens V. über seine Person täuschte, verstärkt den diabolischen Eindruck, den seine Gestalt auf uns macht."

Prof. A. Cartellieri (Jena) sucht die Bedeutung des Vortrages vor allem in der prinzipiellen Frage: Wie weit können wir überhaupt den Persönlichkeiten dieser mittelalterlichen Jahrhunderte nachkommen? Er hält es für möglich, schon für das 12. Jahrhundert ein wirkliches Bild zu entwerfen, wenn auch nicht der deutschen, so doch der englischen und französischen Könige, weil bei diesen wesentlich bessere Quellen vorliegen. Von Heinrich II., von Philipp August, erst recht von Ludwig dem Heiligen gibt es ausgezeichnete Schilderungen aus ihrer nächsten Umgebung.

Privatdozent Albrecht Wirth (München) wies auf die im westlichen Vorderasien herrschenden Mongolenkane hin, die von den Türken in Ägypten bedrängt 1299 und 1303 mit Europa in Verbindung traten. Ein uigurisch abgefaßter Brief von ihnen kam nach Rom und verlangte einen Angriff zur See auf Ägypten. Da man in Rom nicht darauf einging, wandten sie sich nach England, und auch hier abgewiesen, an König Philipp, der sie besser aufnahm. Das ist ein Zug, der zur Verdeutlichung des imperialistischen oder fantastischen Elements im Könige beiträgt. Aber als 1305 Elzjuitu den Tataren entgegentrat und sich in die syrischen Verhältnisse einmischte, hielt sich Philipp vorsichtig zurück, und das ist wiederum ein wesentlicher Charakterzug des Königs.

Prof. Redlich dankte dem Vortragenden für seine fesselnde Schilderung der Person Philipps und fügte hinzu, nach seiner Überzeugung beruhe die Schattenhaftigkeit mittelalterlicher Gestalten sichtlich oft auf den Lücken unsers Quellenmaterials, und nicht so

sehr auf dem Konventionalismus und dem Mangel an individuellem Leben in jener Zeit.
Schluß der Versammlung 1½ Uhr.

Am 1. September abends 7 Uhr fand in der Aula der alten Universität der erste öffentliche Vortrag statt, und zwar sprach Prof. Alois Riegl (Wien) über „Salzburgs Stellung in der Kunstgeschichte"[1]. Der Redner führte folgendes aus:

Kaum eine andere Stadt Deutschlands schien in dem Maße wie Salzburg durch die äußeren Verhältnisse dazu bestimmt, der Sitz einer mächtigen, weitherrschenden Kunstschule zu werden. War ihr durch das Erzbistum schon in Süddeutschland eine gebietende Stellung gewährleistet, so stand vollends der ganze Osten in Abhängigkeit von ihr. Um so auffallender berührt es, daß die Kunstgeschichte keine „Salzburger Schule" kennt. Und trotzdem ist Salzburg eine alte Kunststadt, die nicht allein um ihrer landschaftlichen Reize willen, sondern zu ganz wesentlichem Teile auch ihres ganz bestimmten und eigenartigen künstlerischen Charakters halber geschätzt und besucht wird. Es muß aber offenbar etwas im Wesen dieses Charakters gelegen gewesen sein, das die Salzburger Kunst daran hinderte, unmittelbar schulbildend zu wirken.

Was den Grundzug des Salzburger Kunstcharakters ausmacht, ist längst erkannt worden: es ist eine ausgesprochene Vorliebe für die italienische Kunstweise. Und zwar tritt uns diese in Salzburg verhältnismäßig rein und unvermischt neben nicht minder ungetrübten deutschen Elementen entgegen. Zu einem fruchtbaren Ausgleich zwischen diesen beiden künstlerischen Ausdrucksweisen, wie wir ihn zum Beispiel in den tirolischen Städten beobachten können, ist es in Salzburg niemals gekommen, und darin wird man wohl die Ursache dafür zu erblicken haben, daß die Salzburger Kunst trotz der vorhandenen günstigen äußeren Bedingungen nicht weithin Schule gemacht hat. Es ist ein rein lokaler Geschmack, den Salzburg all die Jahrhunderte her seit der Schenkung an den hl. Ruprecht behauptet hat, und in welchem stets das Verhältnis zu der jeweiligen italienischen Kunst die leitende Rolle gespielt hat. Die wechselnde Gestaltung dieses Verhältnisses beherrscht durchaus die Entwicklung der Salzburger Kunst von der Karolingerzeit bis zur Säkularisierung des Erzstifts.

In der Zeit der Rassentheorien mag man von vornherein geneigt sein, die dauernde Vorliebe der Salzburger für die

---

[1] Der Vortrag wird vollständig in den „Mitteilungen der Gesellschaft für Salzburger Landeskunde", Jahrgang 1905, erscheinen.

italienische Kunst auf den römischen Ursprung der Stadt zurück=
zuführen, indem man sich die spätere Salzburger Bürgerschaft aus
einer sehr maßgebenden romanischen Beimischung zu den bajwarischen
Zuwanderern hervorgegangen denkt. Aber sind schon unsere Nach=
richten vom Überleben romanischer Volksteile nach der Völker=
wanderung allzu dürftige, um daraus bestimmte Schlüsse zu ge=
statten, so sind vollends unsere wissenschaftlichen Untersuchungs=
organe heute noch nicht entfernt scharf genug, um das mögliche
Maß des Anteils der einzelnen Rassen an bestimmten Kulturformen
genauer zu bestimmen. Jedenfalls tritt uns die Bevölkerung von
Salzburg und seiner nächsten Umgebung mindestens seit dem
12. Jahrhundert als eine vollständig deutsche entgegen.

Die Kunstentwicklung des Mittelalters war im Norden im
allgemeinen darauf gerichtet, die überkommenen antiken Formen
dem germanischen Geschmacke anzupassen, was zunächst im romanischen,
und später vollends im gotischen Stile in der Tat erreicht wurde.
Eine solche Grundtendenz konnte der Salzburger Kunst bei ihren
vorhin skizzierten Neigungen keine rechten Aufgaben bieten. So
erklärt sich die auffallende Erscheinung, daß in diesem uralten
Kulturzentrum des Mittelalters zum Unterschiede von so vielen
deutschen, namentlich rheinischen Städten, die ungleich häufigere
und schwerere Kriegsschicksale durchzumachen gehabt hatten, ver=
hältnismäßig so wenige Zeugnisse der mittelalterlichen Kunst er=
halten geblieben sind. Für die bildende Kunst, wie sie sich nun
einmal im Mittelalter gestaltete, vermochte man in Salzburg keine
tiefere Neigung zu fassen: man schuf das nötige an Bauten und
anderen Kultus= und Gebrauchswerken, aber man legte keinen
Ehrgeiz darein, Monumentales für ewige Dauer aufzurichten. Und
so besann man sich nicht lange, das ohnehin Unbedeutende zu be=
seitigen oder zu verändern, als in der neueren Zeit den Salzburgern
sympathischere Kunstweisen aufkamen.

Es ist schon überaus bezeichnend, daß wir in karolingischer
Zeit zu Salzburg wohl eine Schreibschule antreffen, ohne daß aber
parallel damit eine Miniaturmalereischule gegangen wäre, wie in
so vielen anderen ost= und westfränkischen Klöstern: das beweist
doch schlagend, daß man schon damals, in der Zeit des ersten
Werdens germanischen Kunstwollens, für jene Seite des mensch=
lichen Kulturbegehrens, die sich in der bildenden Kunst äußert, zu
Salzburg kein Interesse empfunden hat. Was der germanische
Geschmack vor allem am überlieferten christlichen Kulthaus — der
Basilika — durchführen wollte, war eine klare Gliederung und eine
Steigerung der Höhenrichtung. Diese Bestrebungen gipfelten
überall, wo sie ernstlich verfolgt wurden — in Frankreich, Deutsch=
land und Oberitalien — in der Herstellung einer die einzelnen
Zonen auch im oberen Abschluß markierenden kreuzgewölbten Decke,

an Stelle der altchristlichen einheitlichen Flachdecke. Für Salzburg hat dieses Hauptproblem der romanischen Baukunst augenscheinlich gar nicht existiert. Als man aber dann doch nicht länger zurückbleiben konnte, übernahm man in Salzburg von auswärts ein fertiges System: und zwar nicht das deutsch=rheinische, das um diese Zeit schon viel weiter nach Osten (bis Heiligenkreuz in der Nähe der ungarischen Grenze) gedrungen war, sondern überaus bezeichnenderweise das lombardische Gewölbesystem. Nun verliert auch das auf den ersten Blick so auffallende Fehlen aller früh= und hochgotischen Bauten in Salzburg das rätselhafte: fühlte man sich in Salzburg schon durch die Richtung der deutsch=romanischen Kunst nicht ermuntert zu schöpferischem Vorgehen, so mußte man dem vollendeten Produkte der Gliederungs= und Überhöhungstendenz — dem gotischen Dome — vollends gleichgültig gegenüberstehen.

Erst aus dem für Deutschland samt den Alpenländern so glorreichen spätgotischen Jahrhundert (1440—1540) hat Salzburg zahlreiche Kunstwerke hinterlassen. Diese Zeit empfand und schuf zwar noch gotisch, aber die Gotik war bereits in ein zersetzendes extremes Stadium geraten, das den Übergang zu einer von Grund aus verschiedenen, der italienischen verwandten Richtung des Kunstwollens einleitete. Die ins Extreme gesteigerte Gliederung führte zu einer neuerlichen Einheit, die ins Extreme gesteigerte Überhöhung zu einer neuerlichen Horizontalität. Was in Italien die Renaissance der Antike, war im Norden gewissermaßen die Wiedergeburt des altchristlich=altromanischen.

So versteht man, daß in Salzburg mit der spätgotischen Zeit ein lebhafteres Kunstschaffen eingesetzt hat, das so völlig eigenartige und beachtenswerte Werke wie z. B. den Chor der Franziskanerkirche zur Folge hatte; aber allerdings eine führende Rolle hat Salzburg auch zu dieser Zeit noch nicht behauptet, sondern einerseits den Tiroler Schulen, welche den normalen Übergang zum Italienischen vermittelten, anderseits den süddeutschen Schulen, die eine rein nationale Note anzuschlagen bestrebt waren, überlassen müssen. Immerhin hat sich in Salzburg wenigstens auf dem Gebiete der profanen Baukunst ein voller und offener Umschwung zum Italienischen schon in der spätgotischen Zeit vollzogen. Wie die im Stift St. Peter verwahrte kolorierte Handzeichnung mit der Stadtansicht vom Jahre 1553 beweist, hatte das Salzburger Bürgerhaus schon um diese Zeit wenigstens im ganzen Innenbezirke der Stadt das deutsche Giebeldach abgeworfen und dafür die horizontale Abschlußlinie nach oben, mit verstecktem, flachem Dache hinter einer leeren Schauwand adoptiert; parallel damit verschwanden auch die Lauben und namentlich die Erker, jene Lieblings=Gliederungen der germanischen mittelalterlichen Baukunst, und der frühere Hochdrang machte der ausgesprochenen Geschoßteilung in der Horizontale Platz die dann später in der „Verstuckung" eine so charakteristische Ergänzung gefunden hat. Die Entindividualisierung des Salzburger Bürgerhauses muß sich somit bereits in der spätgotischen Zeit, lange vor dem systematischen Verwelscher der Stadt, dem Erzbischof Wolf-Dietrich, vollzogen haben. Als dieser ein halbes Jahrhundert später zur Regierung kam, blieb ihm bloß die Italisierung der monumentalen Kunst in Salzburg durchzuführen übrig.

Gewiß war Wolf-Dietrich von Raitenau durch seine verwandtschaftlichen Beziehungen zu den hervorragendsten Förderern der Gegenformation in Italien und durch seine Erziehung im Collegium germanicum zu Rom ganz besonders dazu befähigt, in seinem Herrschaftssitze nördlich der Alpen dem Barockstil die Bahn zu brechen; aber er tat damit doch nur, was die Zeit von ihm verlangte und wofür gerade in Salzburg und nur in Salzburg die günstigsten Bedingungen vorhanden waren. In einer anderen Stadt Deutschlands wäre Wolf-Dietrich mit seinen rücksichtslosen Bestrebungen vermutlich schon in den Anfängen gescheitert; in Salzburg hätte an seiner Statt auch ein anderer dem allgemeinen italienischen Zuge Rechnung tragen müssen. Da aber dem Neuen das Alte im Wege stand, dessen Hinwegräumung mehr Zeit und Kraft erforderte, als dem ungestüm vorwärtsdringenden Erzbischof vom Schicksal zur Verfügung gestellt wurde, so hat er hauptsächlich bloß das Andenken eines gewaltigen Zerstörers hinterlassen. Nur eines ist ihm ganz gelungen: den Palazzo nach italienischer Art in Salzburg heimisch zu machen, mit seiner rücksichtslosen Horizontalität und Subordination aller Teile unter eine beherrschende Einheit. Dagegen baute den Dom erst sein Nachfolger, übrigens sein engster Verwandter und Gesinnungsgenosse, nur klüger dem Schwergewichte der ererbten Verhältnisse Rechnung tragend. Das Innere des Salzburger Doms ist das am reinsten italienische Kircheninterieur auf deutschem Boden; daneben treten am Äußeren, nach echter Salzburger Art, ganz unvermittelt deutsche Elemente, wie namentlich die beiden Fronttürme.

Das ganze 17. Jahrhundert hindurch blühte in Salzburg der italienische Barockstil; zum Schlusse nahm er, besonders unter dem Architekten Gasparo Zugalli, so grundsätzlich antinordische Züge an, daß selbst in Salzburg eine Reaktion nach der Seite des germanischen Geschmacks nicht ausbleiben konnte. Den Umschwung veranlaßte der Erzbischof Johann Thun-Hohenstein, und sein Werkzeug dafür war Johann Bernhard Fischer von Erlach. Damit treten wir in jene Periode der Salzburger Kunstgeschichte ein, in der diese für die allgemeine Kunstentwicklung von Bedeutung geworden ist. Durch eine Verbindung des grundlegenden römischen Barockgedankens mit den germanischen Tendenzen der Gliederung und Überhöhung hat der ältere Fischer von Erlach dasjenige be-

gründet, was wir den österreichischen Barockſtil nennen. Die
fertigen Hauptwerke dieſes Stils, kirchliche wie profane, ſtehen
außerhalb Salzburgs, namentlich in Wien; aber die Erſtlinge, an
denen der Meiſter ſeinen Stil erſt allmählich entfaltet und gefunden
hat, muß man in Salzburg ſuchen: darunter das Reifſte und
Merkwürdigſte die Univerſitätskirche. Von dem Augenblicke nun,
da Fiſcher von Erlach einen im großen Ganzen ſelbſtändigen
nordiſchen Stil gebildet und den italieniſchen überwunden hatte,
war in Salzburg keine Aufgabe mehr für ihn zu löſen. Es voll=
zieht ſich wiederum Salzburgs traditionelles Geſchick: als die
bildende Kunſt im 18. Jahrhundert Wege einſchlug, welche von der
italieniſchen Richtung hinwegführten, erlahmte das ideale Intereſſe
dafür in Salzburg, um ſich mit um ſo größerer Intenſität anderen
Gebieten des menſchlichen Kulturbegehrens, insbeſondere der Muſik
und der wiſſenſchaftlichen Forſchung zuzuwenden.

Salzburgs Stellung in der Kunſtgeſchichte wird man ſonach
am beſten dahin kennzeichnen dürfen, daß dieſe Stadt allzeit ein
offenes Tor für den italieniſchen Geſchmack geweſen iſt; und ein
ſolches Verhältnis müßte ſtets dann eine über die lokale Entwicklung
hinausreichende Bedeutung gewinnen, wenn die nordiſche Entwicklung
mit ihrer immanenten Neigung zur unendlichen Zerſplitterung
und zu individueller Willkür, wie z. B. im 16. Jahrhundert, an
einem toten Punkt angelangt war, und einer neuerlichen einheit=
lichen Zuſammenfaſſung und der Rückkehr zu einem mehr normativen
Schaffen bedurfte, was man neuerlich häufig auch als „Rückkehr
zur Antike" zu bezeichnen pflegt. Salzburg übernahm dann die
italieniſchen Vorbilder rein und ungetrübt und ſtellte ſie gewiſſer=
maßen dem übrigen Deutſchland zur Schau; die fruchtbare Aus=
gleichung vollzogen freilich andere, aber die eigenartige kunſthiſtoriſche
Miſſion Salzburgs bewahrt darum doch ihre Bedeutung. Dies
beweiſt ſchon der unwiderſtehliche hiſtoriſche Reiz, der von Salz=
burgs Kunſtdenkmälern auf den modernen Beſchauer ausgeht, —
ganz abgeſehen von den Reizen der Stimmung und der rein
optiſchen Erſcheinung, die uns durch ſie in ſo reichem Maße ver=
mittelt werden.

Zweite Sitzung.

Am 2. September vormittags 9 Uhr begannen die Ver=
handlungen über „Herausgabe von Quellen zur Agrar=
geſchichte des Mittelalters".

Der erste Referent Prof. Alfons Dopsch (Wien) führte folgendes aus [1]:

Überblickt man die großartige Entwicklung der wirtschaftsgeschichtlichen Studien in der zweiten Hälfte des 19. Jahrhunderts, so wird man sagen dürfen, daß die Agrargeschichte des Mittelalters, die früher im Mittelpunkt des wissenschaftlichen Interesses stand, in der letzten Zeit nicht mehr ganz ebenbürtig gepflegt wurde. Während für die neueren Zeiten bedeutende Leistungen vorliegen — Georg Knapp und seine Schüler — und die Stadtwirtschaft des Mittelalters lebhafter Bearbeitung sich erfreut, sind Arbeiten über die wirtschaftliche Entwicklung des platten Landes in jener früheren Zeit relativ selten geworden. Innerhalb dieser Periode aber sind vornehmlich Anfang und Ende, die Karolingerzeit und der Ausgang des Mittelalters, näher bekannt, sowie das 12. Jahrhundert, welches mit seiner Bedeutung für das städtische Wirtschaftsleben auch in agrargeschichtlicher Beziehung einen Wendepunkt zu bedeuten schien.

Dieser Stand der Forschung ist offensichtlich durch die Eigenart unserer positiven Überlieferung und noch mehr vielleicht durch den Grad der Quellenforschung bedingt. Eben für jene drei Kulminationsabschnitte liegen reichere Erkenntnismittel vor, sie sind auch großenteils gut veröffentlicht und entsprechend bearbeitet worden [2].

Dagegen haben die Zwischenglieder jener hervorstechenden Entwicklungsphasen, an sich eine spärlichere Überlieferung darbietend, eine ungleich geringere Aufmerksamkeit seitens der Forschung erfahren. Das gilt vor allem für die Zeit vom Ende des 9. bis zum 12. Jahrhundert. Und doch kommt dieser, wie einzelne Arbeiten der jüngsten Zeit dartun [3], eine hervorragende Bedeutung zu. Nicht nur in rein wirtschaftlicher Beziehung, auch für die richtige Erkenntnis sozialer und verfassungsrechtlicher Bildungen der Folgezeit (Städtewesen, Landeshoheit).

Aber auch die Territorialwirtschaft des 13. und 14. Jahrhunderts dürfte vielfach in anderem Lichte erscheinen, sofern deren Quellen kritisch erfaßt und ihrer Eigenart entsprechend verwertet sind.

So scheint mir heute bereits ein wissenschaftliches Bedürfnis hier zu bestehen, dem nur durch zusammenfassende und kritische Herausgabe der Quellen mittelalterlicher Agrargeschichte ernstlich

---

[1] Der Vortrag wird in der Fassung, wie er gehalten wurde, nicht veröffentlicht werden, aber ein Aufsatz, der sich eng an diese Ausführungen anschließt, ist im 6. Bande der „Deutschen Geschichtsblätter", S. 145 ff., erschienen.

[2] Ich verweise da bloß auf die großen Polyptychen und die Kapitularien der Karolingerzeit, die Leihenurkunden des 12. Jahrhunderts und die jüngeren Hofrechte (z. T. „Weistümer") aus dem 14. und 15. Jahrhundert.

[3] Es sei hier nur auf G. Caro, S. Rietschel und G. Seeliger verwiesen.

und dauernd abgeholfen werden kann. Gerade damit ist es noch
recht traurig bestellt. Kaum daß noch eine sichere Übersicht über
das überhaupt vorhandene Material gewonnen werden konnte.
Hält man Umschau über die verschiedenen Quellengruppen, die für
die Agrargeschichte des Mittelalters vornehmlich in Betracht kommen,
so haben, von der Karolingerzeit abgesehen, die jüngeren Hofrechte
der späteren Zeit (14. und 15. Jahrhundert) noch am meisten Be=
achtung gefunden. Da sie vielfach in Form von „Weistümern"
überliefert sind, ist das große Interesse, welches Juristen, Historiker
und Philologen diesen seit langem gleichmäßig entgegenbrachten,
ihrer Publikation sehr zu statten gekommen. Seit J. Grimm sind
in verschiedenen Territorien Sammlungen veranstaltet und Tausende
von „Weistümern" oder „Offnungen" herausgegeben worden. Er=
gänzungen werden allerdings auch da noch notwendig sein, wie
vielleicht am besten die Schweiz zeigt, wo gegenüber Grimms
Sammlung ein ganz enormes Plus noch zustande gebracht wurde.

Viel ungünstiger steht es mit den älteren Quellenarten. Die
Traditionsbücher West= und Süddeutschlands liegen heute
meist in älteren, vielfach unkritischen Ausgaben vor, die erklären,
weshalb man diese für die ältere Zeit (9.—12. Jahrhundert) so
wichtigen Quellen verhältnismäßig wenig für agrargeschichtliche
Forschungen ausgebeutet hat. Die große Masse der wichtigen
bayrischen Traditionsbücher wird hoffentlich recht bald erschlossen
werden, da die Münchener Akademie der Wissenschaften sich ihrer
in jüngster Zeit angenommen hat. Auch in Österreich wird an
einer Weiterführung der durch Osw. Redlich musterhaft begonnenen
Veröffentlichung (Brixener Trad.) gearbeitet. Der Wirtschafts=
historiker wird freilich noch weitere Wünsche an solche Ausgaben
zu stellen haben, da ihm besonders statistische Zusammenstellungen
der Traditionsobjekte, sowie eine kartographische Darstellung des
tradierten Gutes wertvoll wären. Eine die Eigenart der Quellen
kritisch beleuchtende wirtschaftsgeschichtliche Einleitung des Editors
würde zur treffenden Verwertung vieles beitragen können.

Im Zusammenhang mit den Traditionsbüchern stehen die
jüngeren Urbare. Der formelle Nachweis dafür hat noch nicht
die entsprechende sachliche Ausbeutung erfahren. Eine sorgfältige
Vergleichung des Inhaltes im einzelnen wird wichtige Aufschlüsse
zu gewähren vermögen.

Was die Publikation dieser Quellen anlangt, so ist eine solche
zwar fortlaufend erfolgt, jedoch war dieselbe meist von Zufällen
abhängig, wie die in verschiedenen lokalhistorischen Zeitschriften
und Sonderunternehmungen verstreuten Einzeleditionen beweisen.
Da sie sich überdies auch meist auf den Abdruck des blanken Textes
und einige topographische Erläuterungen beschränkten, war eine

annähernd sichere Beherrschung des darin ruhenden agrargeschichtlichen Materials kaum möglich, oder nur äußerst mühsam zu erreichen.

Die Tatsache nun, daß eben in jüngster Zeit von drei verschiedenen Seiten her große und zusammenfassende Unternehmungen zur Veröffentlichung solcher Quellen gediehen sind, läßt die Frage rege werden, nach welchen **Grundsätzen** derartige Publikationen eingerichtet werden sollen, um möglichst vielen Bedürfnissen der wissenschaftlichen Forschung entsprechen zu können. Vor kurzem ist ja die seit längerer Zeit im Zuge befindliche Ausgabe der Habsburgischen Urbare der **Schweiz** zu einem gewissen Abschlusse gelangt, auch von den **rheinischen Urbaren** liegt bereits der erste Band vor, und endlich hat die von der Wiener Akademie in Angriff genommene Sammlung der **österreichischen Urbare** gleichfalls einen Band soeben produziert.

Als Herausgeber dieser letzteren Edition sei mir verstattet, die praktischen Ergebnisse kurz zusammenzufassen, zu welchen jene drei Unternehmungen unabhängig von einander gelangt sind. Alle drei haben die Notwendigkeit erkannt, die an sich vielfach spröden Urbartexte durch Beibringung von **Erläuterungsmaterial** aus anderen Quellen gewissermaßen zu illustrieren. Am weitesten ging man dabei in den rheinischen Urbaren, wo eine stattliche Fülle von Urkunden zwischen den einzelnen Urbartexten voll abgedruckt wurden — die beiden anderen Unternehmungen beschränken sich, im Ausmaße kaum wesentlich differierend, darauf, in sachlichen Anmerkungen einen Hinweis auf das einschlägige Urkundenmaterial zu geben. Zudem hat bei diesen beiden Editionen auch eine ausführlichere Einleitung Gelegenheit geboten, dasselbe für die verschiedenen da in Betracht kommenden Fragen heranzuziehen. — Der Abdruck von Erläuterungsmaterial ist sicherlich sehr wertvoll, zumal es sich meist um ungedruckte Stücke handelt. Allein man wird trotzdem bei der wirtschaftsgeschichtlichen Forschung der Urkundenbücher selbst nicht entraten können. — Sie bieten das gesamte Urkundenmaterial mit diplomatischer Kritik. Jede Auswahl aber muß stets unter der subjektiven Auffassung des Bearbeiters leiden.

Als weitere Zutat dieser Urbarausgaben erscheint die **Beigabe von statistischen Tabellen und Karten**. Daß sie im ersten Band der rheinischen Urbare fehlen, ist wohl durch dessen Inhalt begründet. In der Schweiz hat man sich darauf beschränkt, eine Übersicht über die Einkünfte der Habsburger in einer Generaltabelle zusammenzustellen und zwei Karten zu entwerfen, die zwar die verschiedenen Besitzungen und Rechte der Habsburger anschaulich zur Darstellung trugen, jedoch auf die Wiedergabe des Terrains (Bodenkonfiguration) gänzlich verzichten. — Die österreichische Edition räumt den statistischen Tabellen einen breiten Raum ein, derart daß die Verteilung des Grundbesitzes nach seinen einzelnen Besitzkategorien für alle einzelnen Ämter ausgewiesen wird und ebenso auch der Einkünfte davon. In den Karten (3) aber erscheint bei im übrigen ähnlicher Anlage auch das Terrain aufgenommen, so zwar daß es in Schummerung angedeutet wird. Dies dürfte den Vorzug größerer Plastik in sich schließen, da die Abhängigkeit und Bedingtheit der wirtschaftlichen Entwicklung von der Bodengestaltung sich hier unmittelbar verfolgen läßt.

Ausführliche Register, die nicht bloß den Nachweis der vorkommenden Personen- und Ortsnamen, sondern auch der Sachen und ein Glossar enthalten, finden sich in allen drei Ausgaben übereinstimmend. Und was die Hauptsache ist: Ebenso gleichmäßig ist als unabweisbares Bedürfnis einer modernen Urbaredition eine ausführlichere sachliche Einleitung erkannt worden, die neben Ausführungen über die Überlieferung und Entstehungszeit dieser Quellen auch eine wirtschaftsgeschichtliche Orientierung bietet. Die rechtliche Stellung der betreffenden Grundherrschaft darzulegen und die Funktion der Urbare im Rahmen der Verwaltung festzustellen, wird für deren richtige Verwertung geradezu grundlegend sein. Ferner ist auch eine Zusammenstellung der in den Texten vorhandenen Preisangaben und Erläuterung der vorkommenden Münz-, Maß- und Gewichtsarten wünschenswert. Naturgemäß wird all dies nur mit umfassender Heranziehung des Urkundenmateriales möglich sein. Ergeben sich hierbei neue und besonders wertvolle Stücke, so könnten dieselben anhangsweise zu vollem Textabdruck gelangen.

Ähnliche Anforderungen wie hier wird man auch für die Herausgabe der Lehenbücher aufstellen dürfen, die hinwiederum zeitabwärts mit den Urbaren in einem gewissen Zusammenhang stehen. Am günstigsten wird sich die Sachlage dort gestalten, wo das Vorhandensein von Traditionsbüchern, Urbaren und Lehenbüchern eine vergleichende Analyse der Entwicklung einer Grundherrschaft gestattet. Ein Versuch dieser Art ist für das elsässische Kloster Weißenburg schon unternommen worden (durch Harster).

Bei den Lehenbüchern wird insbesondere die Frage der Textanordnung Beachtung verdienen. — Wie die Anlage derselben in der uns erhaltenen Überlieferung bereits eine verschiedene ist (nach örtlicher oder zeitlicher Abfolge, oder den Empfängern), so kann eventuell auch die Ausgabe verschieden eingerichtet werden, ohne sich streng an jene stets zu halten. Welche Form zu wählen ist, werden die besonderen Verhältnisse des Einzelfalles am besten entscheiden lassen. Am wenigsten dürfte die zeitliche Folge zu empfehlen sein, da sie doch stark durch Zufälle bedingt erscheint. Wird jene nach Empfängern zugrunde gelegt, dann dürfte sich eine Scheidung nach Standesklassen empfehlen, weil damit wichtige

Fragen der Sozial= und Wirtschaftsgeschichte von vorn herein auf=
gehellt werden.

Schließlich heischen noch jene Quellen der älteren Zeit gründ=
lichere Veröffentlichung, die man gemeinhin unter dem Kollektivbegriff
der „Hofrechte" zusammengefaßt hat. Wie immer deren Charakter
nach Objekt und Zweck ihrer Aufzeichnung verschieden sein mag,
sie geben insgesamt wertvolle Aufschlüsse über die rechtliche Stellung
der Hintersassen einer Grundherrschaft und deren Leistungen an
diese. Vielfach ermöglichen sie erst die richtige Erfassung und Ver=
bindung des aus den früher besprochenen Quellen zu gewinnenden
statistischen Materiales.

Bei der Sammlung dieser Quellen wird man besonders auf
die Tatsache zu achten haben, daß viele davon uns in Form von
(falschen) Urkunden, angeblich der älteren Zeit, erhalten sind.
Daher wird eine genaue Durchsicht dieser und eine kritische Be=
stimmung ihrer Entstehungszeit bringend geboten sein.

Bei der geringen Zahl der uns bekannten älteren Hofrechte
(aus dem 11.—13. Jahrhundert) könnte an eine zusammenfassende
Publikation derselben gedacht werden, auch wenn zu hoffen ist, daß
eine systematische Nachforschung noch recht stattliche Ausbeute an
ungedruckten Quellen dieser Art ergeben wird.

Traditionsbücher, Urbare und Lehenbücher fallen wie die Ur=
kundensammlungen, für welche seit längerer Zeit allüberall zur
Genüge vorgesorgt wurde, in den Kreis der landesgeschichtlichen
Publikationsinstitute. Die Herausgabe der älteren Hofrechte würde
in den Mon. Germ. Leges die würdigste und wirksamste Ver=
öffentlichungsstelle finden, falls man sich dort dazu entschlösse, ihnen
eine Heimstätte zu bieten.

Der Korreferent, Privatdozent Rudolf Kötzschke (Leipzig),
entwickelte folgende Gedanken:

Auf die Bildung der Ansichten vom Agrarwesen der deutschen
Vorzeit ist von Norddeutschland aus mehrfach entscheidend ein=
gewirkt worden; hingegen steht der Norden in bezug auf die Ver=
öffentlichung agrargeschichtlicher Quellen hinter dem Süden ent=
schieden zurück. Es bedarf eines Einblicks in die Eigentümlichkeiten
des Agrarwesens der nördlichen Gegenden, um diesen Stand der
Quellenveröffentlichung und damit auch die Möglichkeit weiterer
Quellenerschließung zu beurteilen. Drei Gebiete sind zu scheiden:
das fränkische, in seinen westlichen Teilen zugleich das der unmittel=
baren römischen Einflüsse, das der sächsischen und friesischen Lande
und das östliche Kolonisationsgebiet. Schriftlich niedergelegte
Quellen zur Agrargeschichte sind, angeregt durch das fränkische
Königtum, zunächst im Bereiche fränkischer Staatseinrichtungen ent=
standen, neben den Urkundenkopiaren die Urbaraufzeichnungen der

Karolingerzeit. In etwas jüngerer Zeit ist dann in Sachsen die Zahl der Heberegister vergleichsweise groß, hier wo die Ansammlung von Urkunden oder das Kopiar keine geeignete Form zur Sicherung des Güterbestandes war und auch das Traditionsbuch des bayerischen Rechtsgebietes keine rechte Verbreitung gefunden hat.

In der Zeit der Stadtwirtschaft und der Ausbildung landes= herrschaftlicher Regierung ist es nun, zugleich mit der reichen Aus= gestaltung des Urkundenwesens, auch zur Entstehung mannigfaltiger und nach innerlichen und äußeren Merkmalen verschiedener register= förmiger Aufzeichnungen über den Besitz einer Grundherrschaft ge= kommen. Die eigentlichen Urbaraufzeichnungen, deren Aussehen jetzt durch Geldzinse und feste Renten mehr als früher bestimmt ist, nehmen nach den Zwecken der Verwaltung mannigfache Formen an. Sie sind über das ganze nördliche Deutschland verbreitet; doch finden sich Leistungen, die den süddeutschen Urbaren des 13. Jahr= hunderts ebenbürtig waren, nicht; vereinzeltes, was den Vergleich aushält, erst später. In der Mark Brandenburg, in der Neumark und Schlesien sind die „Landbücher" des 14. Jahrhunderts zwar nicht eigentliche Urbare, aber dafür mehr als ein vollwertiger Ersatz. Die Urbarüberlieferung in obigem Sinne wird, im nördlichen Deutschland überhaupt, ergänzt durch die reichen Bestände besonderer Lehenbücher. Die verschiedenen sich gegenseitig ergänzenden Arten der Buchungen des späten Mittelalters und der beginnenden Neu= zeit werden sodann an dem Beispiele der Abtei Werden a. d. Ruhr dargelegt: neben Urbaren sind Hebemanuale, Jahresrechnungen, Abrechnungsprotokolle, Behandigungsbücher geführt worden. Die Weistümer sind nur im fränkischen Stammesgebiet sehr zahlreich; in Westfalen und Niedersachsen ist dies in minderem Maße der Fall; im Kolonialgebiet fehlen sie, doch dienen hier die Dorf= ordnungen ähnlichen Zwecken. Auch annalistische Aufzeichnungen zur Wirtschaftsgeschichte sind in neueren Zeiten gelegentlich ent= standen. Endlich hat man in den Flurkarten auch kartographische Abbilder der Gemarkungen und ihrer Aufteilung nach Kulturarten und Besitzparzellen geschaffen; Anfänge dazu finden sich schon seit dem 16. Jahrhundert, doch sind sie erst seit dem 18. Jahrhundert häufiger, lückenlos im ganzen Staatsgebiet erst im 19. Jahrhundert ausgeführt.

Der Gang der Erschließung dieser agrargeschichtlichen Quellen ist nun der gewesen, daß man von der Mitteilung vereinzelter interessierender Stücke immer mehr zur Planmäßigkeit und zur Begründung von Sammelwerken vorgeschritten ist. Sehr früh ist dies durch Jak. Grimms Vorgehen bei den Weistümern geschehen. Urbaraufzeichnungen sind häufig in die allgemeinen Urkundenwerke ganzer Landschaften oder einzelner Stifter aufgenommen worden. Eine Darbietung der verschiedenartigen agrargeschichtlichen Quellen für sechs typische schlesische Dörfer einschließlich der Flurkarten hat A. Meitzen veröffentlicht. Eine erste selbständige Sammlung von urbarialen Quellen, die neueren Ansprüchen an Quellenherausgabe entspricht, ist für Westfalen geschaffen worden (Codex Traditionum Westfalicarum); doch ist hier nicht immer ausreichend die Möglichkeit gegeben, sich einen rechten Einblick in die Form der Urbaraufzeichnungen sowie ihren inneren Zusammenhang unter einander zu beschaffen. Im Rheinland sind gesonderte Ausgaben der Weistümer und Urbaren im Entstehen begriffen. Die Urbarveröffentlichung hat zur Heranziehung verwandten Materials (Urkunden, weistümerartigen Aufzeichnungen, Rechnungen u. a.) geführt; am Beispiel der Großgrundherrschaft Werden wird die innere Berechtigung dieses Verfahrens dargelegt, doch würde es empfehlenswerter gewesen sein, in einem Falle, wie bei Werden, eine planmäßige Erschließung des gesamten Quellenmaterials von vornherein anzubahnen (1. Urkunden; 2. Urbare und Lehenbücher; 3. Rechnungen; an passender Stelle die Hofweistümer). Im Königreich Sachsen ist die Veröffentlichung typischer Beispiele von Flurkarten geplant.

Bei der großen Bedeutung der Kenntnis agrarischer Zustände und dem Reichtum landschaftlicher und örtlicher Besonderheiten des Agrarwesens ist eine weitere, systematische Erschließung der agrargeschichtlichen Quellen bringend geboten, zumal da jetzt die Auffassung des älteren deutschen Agrarwesens unsicher geworden ist. Man möge vor allem eine Quellenkunde der deutschen Agrargeschichte schaffen. Ferner wähle man innerhalb einzelner Landschaften die durch sachliche Bedeutung und günstige Überlieferung ausgezeichneten Träger einer agrargeschichtlich bedeutsamen Agrarentwicklung und veröffentliche deren Urbaraufzeichnungen mit ausreichender Berücksichtigung der übrigen Quellengruppen; Urbarüberlieferungen von geringerer Bedeutung nehme man entweder in die allgemeinen Urkundenwerke auf oder veröffentliche sie in vereinfachter Editionsmethode oder in Verarbeitung. Für Weistümer und Dorfordnungen wird sich im allgemeinen eine räumliche Anordnung empfehlen. Auch wende man den älteren Flurkarten seine Aufmerksamkeit zu.

Die Diskussion eröffnete Prof. v. Below (Tübingen) und hob hervor, daß die Erörterungen der Redner besonders dadurch fruchtbar gemacht worden seien, daß sie die Besprechung der Editionsfragen mit der der wirtschaftlichen Entwicklung selbst verbunden hätten. Auf Einzelheiten eingehend berührte er die Frage: Soll mit einer Urbaredition die Edition sämtlicher dazu gehöriger Urkunden verbunden werden? Dies sei der Gedanke Lamprechts, der speziell bei Erörterung der Edition rheinischer Weistümer vorgeschlagen habe, alles auf eine und dieselbe geistliche

Grundherrschaft bezügliche Material in einer Edition zu vereinigen. Das läßt sich jedoch in der Praxis nicht leicht durchführen, denn es kommen dabei unendlich viel verschiedene Quellen in Betracht. Wenn z. B. eine Urkunde über eine Steuerbefreiung handelt, so ist nebenbei auch von dem Pachtverhältnis die Rede, insofern der Pächter bestrebt ist, die Steuer auf den Verpächter abzuwälzen. Das ist nur ein Beispiel, aber es zeigt, daß man, um der Forderung gerecht zu werden, schließlich alle Urkunden heranziehen müßte. Dies ist unmöglich, und deswegen ist es zweckmäßiger, sich auf die Edition des Urbars zu beschränken und nur, wie es bei den österreichischen Urbaren geschehen ist, in Anmerkungen auf die anderen Quellen zur Erkenntnis der Verhältnisse der abhängigen Güter hinzuweisen.

Interessantes hat Dr. Kötzschke über das Vorkommen der Weistümer mitgeteilt. Gothein hat bekanntlich die ganz verschiedene Entwicklung des Bauernstandes im Osten und im Westen darauf zurückgeführt, daß der Osten keine Weistümer gehabt hat. Kötzschke hat in einigen Punkten gezeigt, daß der Unterschied nicht in dieser Weise bestand; damit fällt Gotheins Behauptung. Übrigens sind auch in Schwaben und Württemberg die Weistümer wenig zahlreich.

Prof. Dopsch hat das Buch Seeligers über Grundherrschaft herangezogen. Dieses enthält sehr eingehende und wichtige Erörterungen über die rechtliche Seite der Grundherrschaft, dagegen über ihre soziale Bedeutung wenig. Beides muß auseinandergehalten werden.

Die Hauptfrage ist die nach der Quellenedition. Wenn gesagt wurde, „minderwertige" Quellen müßten gekürzt oder gar nicht ediert werden, so fragt es sich, was denn unter minderwertig zu verstehen ist. Es kommt hier besonders darauf an, zu fragen, inwieweit spätere Nachrichten für die Rekonstruktion der früheren Verhältnisse zu verwenden sind. Vorsicht ist dabei notwendig, und selbstverständlich haben die späteren Quellen dabei nur einen heuristischen Wert. Wir müssen stets auch spätere Quellen in Betracht ziehen, da wir aus ihnen meist nicht wenig erfahren. Dies bestimmt mich zu der Forderung, auch die späteren Rechtsquellen recht ausgiebig bei der Edition zu verwerten. Wenn man nur Proben ediert, muß später das Ganze wiederholt werden. Bei der Edition städtischer Urkundenbücher ist man in der Verwendung des Regests vielfach zu weit gegangen; das Eßlinger Urkundenbuch ist für einen Juristen nicht brauchbar, weil der Text zu knapp gehalten ist. Vor einer allzugroßen Sparsamkeit möchte ich warnen, und Prof. Dopsch wird mir beistimmen, wenn ich für eine ausgiebige Publikation eintrete.

Dopschs Forderung bezüglich des Kartenwesens, der Tabellen

und Sachregister ist entschieden beizupflichten. Die Register beschränken sich meist auf Personen- und Ortsregister und geben höchstens noch ein Glossar mit wenigen bemerkenswerten Worten. Die Hauptsache, das Sachregister, jedoch fehlt meist. Hier müssen uns die Editionen aus dem klassischen Altertum, wie das Corpus inscriptionum, als Vorbild dienen. Da ist mit außerordentlicher Sorgfalt und großem Fleiß der sachliche Inhalt dem Publikum zur Verfügung gestellt.

Prof. Rachfahl (Königsberg): Der erste Vortragende hat gemeint, nur eine umfassende systematische Publikationstätigkeit sei der Weg zur Erkenntnis der mittelalterlichen Agrargeschichte. Für den Nordosten trifft dies nicht zu. Überhaupt scheint der Gegensatz Süd und Nord hier nicht zuzutreffen: der Nordwesten hat entschieden viel mehr Ähnlichkeit mit den Verhältnissen im Süden als mit denen im Nordosten. Der zweite Redner hat den Unterschied, der hinsichtlich der agrargeschichtlichen Quellen zwischen dem Nordwesten und dem Nordosten besteht, entschieden nicht genügend scharf betont. Im Nordosten fehlt es im allgemeinen an Weistümern, Urbaren und Traditionsbüchern, die für den Süden und Westen die drei wichtigsten Gruppen agrargeschichtlicher Quellen darstellen.

Im Osten gibt es so gut wie keine Weistümer aus dem Mittelalter; selbst aus dem Anfang der Neuzeit nur wenige. In späterer Zeit gibt es in den altpreußischen Provinzen Dreidings- und anders benannte Ordnungen, das sind aber von den Grund- und Gerichtsherren unter gewisser Mitwirkung der Schulzen und Schöffen erlassene Ordnungen, die im wesentlichen gutspolizeilichen und patrimonialen Charakter tragen. Diese geben erst über ziemlich späte Zeiten Aufschluß. — Urbare finden sich im Nordosten im Mittelalter nur ausnahmsweise. Das von Dr. Kötzschke angeführte Ratzeburger kenne ich nicht; das Breslauer bezieht sich nur auf den äußeren Bestand der Gütermasse. Das einzige mir bekannte Urbar Schlesiens, das diesen Namen verdient, ist das in Meitzens Edition angeführte Urbar des Klosters Trebnitz von 1410, aber es ist gegenüber denen des Südens und Westens sehr dürftig. Die Landbücher Karls IV. für die Mark Brandenburg und Schlesien enthalten Aufzeichnungen über Rechte und Einnahmequellen sowohl öffentlicher als auch privater Natur. Die Mitteilungen über die der letzten Art, die Domanialgefälle, sind für die Geschichte der Grundherrschaft deshalb wenig ergiebig, weil das landesherrliche Domanium damals größtenteils zertrümmert war. Diese Einrichtungen sind auch nie heimisch geworden, und das schlesische Landbuch umfaßt überdies nur einen kleinen Teil von Schlesien. — Ebenso fehlt es an Traditionsbüchern. Das einzige, welches für Schlesien bekannt ist, ist das des Klosters Heinrichau.

Bei diesem Stande der Dinge ist die agrargeschichtliche

Forschung im Nordosten immer auf die Urkunden angewiesen. Diese vollständig zu publizieren, ist ein Unding. Nur wie Meitzen verfahren ist, kann man es machen, typische Dörfer auswählen und diese monographisch behandeln. Solche Monographien brauchen wir. Die umfassende Quellenedition kann sich im Nordosten nur auf die allerälteste Zeit beschränken, auf die der Kolonisation; die Lokations= urkunden sind die einzige wichtige Quellengattung, die als Ganzes publikationsfähig ist. Für die spätere Zeit können immer nur typische Fälle zur Publikation ausgewählt werden, oder diese muß sich auf bestimmte Probleme beziehen. Da ist z. B. das Verhältnis der deutschen zur slavischen Grundherrschaft und die gegenseitige Beeinflussung von Interesse, und es ist in dieser Hinsicht schon manches geleistet worden. Die Lösung bestimmter Probleme, wie desjenigen der Bevölkerungsverhältnisse, ist freilich nach meiner Kenntnis der Quellen für den Osten aussichtslos. Meitzen hat wohl Berechnungen angestellt, aber diese schweben in der Luft.

Prof. Hansen (Köln): Die Ausführungen der beiden Vor= tragenden beruhen auf durchaus verschiedenem Quellenmaterial, und dieser Umstand wird auch für die gemeinsame fernere Bemühung auf diesem Gebiete ausschlaggebend sein. Im Süden sind Urbare, d. h. Übersichten, die uns einen Überblick über den gesamten Besitzstand einer Grundherrschaft gestatten, reichlich vorhanden, und es entsteht da die Frage nach der zweckmäßigen Edition dieser Quellen. In Niederdeutschland und im Nordwesten gibt es solche Urbare nur in geringer Zahl und zwar nur aus der Zeit vom 9. bis 12. Jahrhundert, während für die spätere Zeit der Bestand der Grundherrschaft für bestimmte Zeitpunkte aus den Listen der einzelnen Hofzinse erst rekonstruiert werden muß. Nicht die Edition einer überkommenen Quelle ist hier die Hauptsache, sondern die Arbeitsweise, die es fertig bringen soll, aus diesen einzelnen Bruchstücken ein Ganzes zu schaffen, welches den mittelalterlichen süddeutschen Urbaren in etwa entspricht. Demgemäß hat uns Dr. Kötzschke gezeigt, wie die Quellen zur Geschichte einer Grund= herrschaft von Anfang bis zu Ende zusammenfassend vorgeführt werden müssen. Der erste Referent betonte, daß der Ruf, den Inama=Sternegg 1879 ausgehen ließ, wenig Nachhall gefunden habe. Dies trifft zu, insofern die wirkliche Vollendung von Publikationen in Frage kommt, aber die Wissenschaft selbst hat sich mit dieser Anregung inzwischen doch schon ausgiebig beschäftigt. Schon 1881 ist Lamprecht im Schoße der Gesellschaft für Rheinische Geschichtskunde für eine systematische Edition von Urbaren und verwandten Aufzeichnungen eingetreten. Das damals aufgestellte Programm hat sich allerdings als undurchführbar erwiesen an= gesichts der Überfülle von urbarialen Aufzeichnungen auch nur bis ins 13. Jahrhundert. Deshalb wurden bestimmte Typen für die Publikation ausgewählt, dabei sollen weltliche und geistliche Grundherrschaften einbezogen werden. Unter Zusammenfassung alles dessen, was für eine Grundherrschaft an Zinsregistern vorliegt, wird eine Darstellung der Entwicklung vom ersten Anfang der Grundherrschaft bis zum Ausgang des 18. Jahrhundert, ihrem Ende, erstrebt. Diesen Weg haben die Publikationen von Hilliger und Kötzschke eingeschlagen. — Ob es überhaupt möglich sein wird, eine einheitliche Methode bei der Edition urbarialer Quellen in ganz Deutschland zur Anwendung zu bringen, scheint mir sehr zweifelhaft, so erwünscht dies an sich wäre. Schon wegen der Qualität des Quellenmaterials wird eine große Verschiedenheit der Editionen notwendig sein, aber, wie schon Dopsch richtig hervorhob, es ist auch eine Bodenständigkeit des einzelnen Forschers gerade für diese Quellengruppe notwendig, und die Persönlichkeit des einzelnen Bearbeiters ist für das Gelingen der Arbeit entscheidend. Das ist aber ein weiterer Grund, warum es schwer halten wird, mehrere solche Editionen nach einem einheitlichen Plane auszuführen. Ein großes Programm läßt sich allerdings für derartige Arbeiten verhältnismäßig leicht aufstellen. Zweckmäßig dürfte es aber vor allem sein, wenn die Publikationsinstitute die Urbarien-Edition mit der Vorbereitung anderer Publikationen verbinden, die auf die gleichen Vorbedingungen angewiesen sind, z. B. den Arbeiten zur historischen Geographie, der Herausgabe von Weistümern u. a. Gemäß den Erfahrungen, die die Gesellschaft für Rheinische Geschichtskunde gemacht hat, möchte ich für Niederdeutschland das Herausgreifen von Typen, das lokale Erfassen der Fragen befürworten. Es finden sich da leichter Mitarbeiter, die eine spezielle Vorliebe für eine Gegend, einen Ort, eine Institution besitzen, und eine solche Edition läßt sich eben nur erfolgreich durchführen, wenn der Bearbeiter mit besonderer Lust und Liebe an seine Aufgabe herangeht.

Privatdozent Beckmann (München): „Da Dr. Kötzschke nun einmal — in Überschreitung der dem Thema gesteckten Grenzen — auch auf die Quellen zur Agrargeschichte der neueren Zeit eingegangen ist, so vermisse ich in seiner Aufzählung die Landtagsakten, eine wichtige Quelle der Agrargeschichte namentlich des 17. und 18. Jahrhunderts. Um ein Beispiel hervorzuheben, die Geschichte eines Rechtsinstituts, das zuletzt in der neunziger Jahren das vergangenen Jahrhunderts infolge der Preußischen Agrargesetzgebung und der sich daran anschließenden theoretischen Erörterungen viel genannt wurde, nämlich das Anerbenrecht Westfalens und Niedersachsens, läßt sich nur aus den Landtagsverhandlungen der einzelnen Territorien erkennen. Hier wie sonst vielfach genügen nicht die fertigen Konstitutionen, sondern erst die Landtagsverhandlungen zeigen uns, wie sich die einzelnen Faktoren,

b. h. Regierung und Beamtentum und die Stände (Geistlichkeit, Ritterschaft, Städte) zu dem Institut gestellt haben, wobei man vielfach auch auf die frühere Geschichte des Anerbenrechts Rückschlüsse machen kann. Dies ist nur ein Beispiel, aber die Landtagsakten sind wichtige Quellen auch noch für viele andere Angelegenheiten der Agrarverfassung im 17. und 18. Jahrhundert, z. B. für die Gesetzgebung über Erbpacht, über das bäuerliche Schulden- und Kreditwesen, über Markenteilung u. a. m."

Privatdozent Kaser (Wien): „Als ein weiteres Quellengebiet, das für die mittelalterliche Agrargeschichte eine reiche Ausbeute verheißt, möchte ich diejenigen Quellen bezeichnen, die sich auf die Verhältnisse der Allmende beziehen. Gerade diese Fragen haben den Bauern sehr nahe berührt und viel mehr zu den Bewegungen im 15. und 16. Jahrhundert beigetragen als die übrigen Punkte, die in den bäuerlichen Programmen auftauchen. Die Interessen der Bauern und die der Landes- und Gutsherren stehen sich direkt gegenüber; letztere sehen, wie der Bauer den Wald verwüstet, und wollen für sich das ausschließliche Recht der Jagd. Für diese Dinge fehlt es uns an Material; es wäre deshalb eine dankbare Aufgabe, die Aufmerksamkeit den zahlreichen Waldordnungen und den damit in Verbindung stehenden Jagdordnungen zuzuwenden, die beide landes- oder grundherrlichen Ursprungs sind. Hier bietet sich der agrargeschichtlichen Forschung ein weites Feld."

Prof. Rietschel (Tübingen) nimmt gegenüber Dopsch den Bearbeiter der Urbare von St. Pantaleon, Hilliger, in Schutz, namentlich hinsichtlich der gerügten reichlichen Beigabe von Urkunden. Es ist überhaupt nicht angängig, die Beigabe von Urkunden prinzipiell zu befürworten oder prinzipiell abzulehnen, sondern das Verfahren ist durchaus abhängig von den örtlichen Verhältnissen, nicht nur von dem Quellenmaterial, sondern auch von den vorhandenen Quellenpublikationen. Im Rheinland ist bereits früh das groß angelegte Urkundenbuch von Lacomblet erschienen, und für Köln außerdem schon 1860—79 eine sechsbändige Sammlung „Quellen zur Geschichte der Stadt Köln" von Ennen und Eckertz, die zwar nicht ganz den modernen Ansprüchen genügt, aber im wesentlichen das Material von St. Pantaleon enthält. Nun fand Hilliger in Düsseldorf noch eine Reihe von Urkunden, darunter sehr wichtige, z. B. die ältesten zwei Leihebriefe von St. Pantaleon. Diese wegzulassen um des Prinzips willen und zu warten, bis einmal ein Urkundenbuch von St. Pantaleon erscheint, wäre unpraktisch und schädlich gewesen. Ich glaube auch, daß in einer Reihe anderer Fälle eine Erweiterung der Publikation durch Beifügung der Urkunden eintreten müßte.

Der Anregung Dopschs, eine Sammlung der Hofrechte zu veranstalten, stimme ich freudig zu, möchte aber diese Forderung etwas anders motivieren. Nicht die kritische Ausgabe des einzelnen Stückes an sich ist das, was wir als Mangel empfinden, sondern eine Sammlung dieser Kleinodien, von denen fast jedes einzelne dem, der sich mit Agrargeschichte des 12. und 13. Jahrhunderts beschäftigt, bekannt ist. Eine Sammlung dieser Hofrechte in zwei bis drei Bänden würde ihren konzentrierten Inhalt leicht und bequem zugänglich machen.

Prof. Kaufmann (Breslau): Über die Wichtigkeit der in der Debatte gegebenen Anregung sind wir alle einig, aber eine Zusammenfassung ist nach meinem Gefühl unmöglich. Die auftretenden Differenzen sind überdies wesentlich solche des Materials. Als praktisches Ergebnis möchte ich jedoch vorschlagen, die vom ersten Referenten ausgegangene Anregung, eine Sammlung der Hofrechte zu veranstalten, in einer Resolution zum Ausdruck zu bringen, und möchte den Referenten bitten, seine Anregung genauer zu formulieren.

Privatdozent Wopfner (Innsbruck): Anknüpfend an die vorhin getanen Äußerungen möchte ich noch auf eine weitere Quellengruppe hinweisen, welche für die Agrargeschichte Bedeutung hat, ich meine die bäuerlichen Beschwerdeprogramme, die am Ausgang des Mittelalters und bis 1525 auftreten; sie enthalten ein zwar einseitiges, aber doch reichhaltiges Material zur Illustration der Agrargeschichte. Was dieses Material bietet, habe ich bei der Durchsicht der reichhaltigen Beschwerden der Tiroler Bauern gesehen, und in anderen Gebieten wird sich wohl nicht minder reiches derartiges Quellenmaterial finden.

Prof. v. Below (Tübingen) schließt sich dem von Prof. Kaufmann ausgesprochenen Wunsche an und erörtert die Begriffe „Weistum" und „Hofrecht"; ersterer sei rein formell, letzterer materiell, beide seien nicht an sich Gegensätze, vielmehr seien Hofrechte sehr oft Weistümer.

Hierauf wird die Debatte geschlossen, und der Vorsitzende erteilt dem Referenten das Wort.

Privatdozent Kötzschke (Leipzig): Ich habe mich dafür ausgesprochen, daß bei der Edition urbarialer Aufzeichnungen eine ausgiebige sachliche Bearbeitung stattfindet, aber ich möchte nicht befürworten, daß jede Urbaredition zu einem Urkundenbuche wird. Wenn ich in einem Referate über Quellen zur Agrargeschichte des Mittelalters auch die neuzeitlichen Quellen berücksichtigt habe, so ist dies geschehen, weil und insoweit auch die mittelalterliche Agrargeschichte nicht wissenschaftlich betrieben werden kann, ohne daß das einschlägige in den Verwaltungsakten der neuzeitlichen Jahrhunderte befindliche Quellenmaterial mit herangezogen wird.

Prof. Dopsch (Wien): Absichtlich hatte ich mich auf die

Quellen des Mittelalters beschränkt, weil in Süddeutschland gerade vom Ausgang des Mittelalters an eine Fülle neuartiger Quellen zur Agrargeschichte entstehen, deren Charakterisierung wenigstens dieselbe Zeit in Anspruch genommen haben würde, wie die jener des Mittelalters. Ganz gewiß sind diese jüngeren Quellen für die mittelalterliche Agrargeschichte nicht weniger wichtig. Um auf einige Einzelheiten einzugehen, so stimme ich v. Below völlig darin bei, daß institutionelle Urkundenbücher nach der Idee Lamprechts in der Praxis sich kaum herstellen lassen, da das subjektive Moment bei der Auswahl den guten Gedanken, der ursprünglich theoretisch vorgeschwebt hat, zu nichte machen dürfte. Was die Arbeit von Seeliger anlangt, so wollte ich sie nur in dem Sinne angezogen haben, daß durch sie die bisherige grundherrliche Theorie erschüttert und unsere Kenntnisse bereichert worden sind.

Das Ergebnis der Diskussion ist im wesentlichen zweifach. Wir sind einig darin, daß der heutige Stand der Edition agrargeschichtlicher Quellen nicht zufriedenstellend ist und daß die Publikation derselben einer Förderung bedarf. Nur Prof. Rachfahl hat eine abweichende Meinung. Seinen Ausführungen über Nordostdeutschland stimme ich ganz bei, aber ich wäre ihm dankbar, wenn er mir eine Reihe eindringender Monographien über agrarische Verhältnisse auch wirklich verheißen könnte. Selbst wenn wir sie bekommen, ist aber die Publikation von Quellen dadurch noch nicht überflüssig geworden. Es handelt sich nur noch um die Frage, ob Typen- oder systematische Edition. Dieser Punkt wird auch noch die Konferenz der Vertreter der Publikationsinstitute beschäftigen. Auch in Süddeutschland wird nicht jede Quelle, die sich findet, publiziert, es wird vielmehr nach den Plänen der Wiener Akademie eine überlegte Auswahl getroffen und nur Quellen von allgemeinerer Bedeutung werden berücksichtigt. Wenn lokalhistorische Liebhaberei mehr bieten will, so soll dies natürlich für sie kein Hindernis sein. — An zweiter Stelle danke ich Prof. Kaufmann für seine Anregung, in Form einer förmlichen Resolution einen Druck nach außen auszuüben, damit die Monumenta Germaniae historica eine Publikation der Hofrechte in ihren Arbeitsplan aufnehmen. Ich möchte eine zusammenhängende Herausgabe der sogenannten älteren Hofrechte, also aus dem 11. und 12. und eventuell auch vom Anfang des 13. Jahrhunderts, befürworten. Gewiß besteht ein großer Unterschied unter den einzelnen Hofrechten; deswegen habe ich vorsichtig von „sogenannten Hofrechten" gesprochen und nur von den älteren.

Prof. Redlich (Wien): Diese Diskussion hat nach einer Richtung mit einem ganz bestimmten, soeben von Prof. Dopsch formulierten Antrag geschlossen. Ich bitte diejenigen Herren, die dieser Resolution zustimmen, ihre Hand zu erheben. (Geschieht.)

Ich konstatiere, daß die Resolution einstimmig angenommen worden ist, und erlaube mir, als Mitglied der Zentraldirektion der Monumenta Germaniae historica zu erklären, daß ich nach Kräften für die Verwirklichung dieser Resolution eintreten werde.

Die heutigen Vorträge und die anschließende Diskussion können uns eine hohe Befriedigung gewähren. Wir haben damit einen Gegenstand ins Auge gefaßt, der energische Förderung verdient. Für die Bearbeitung agrargeschichtlicher Quellen scheint es mir wirklich das wichtigste und dringendste zu sein, daß wir einen allseitigen Überblick über den Stoff gewinnen. Die Wiener Akademie hat mit der Bearbeitung einer solchen Übersicht für Österreich begonnen, und wir sehen immer mehr, welche unglaubliche Fülle von Stoff vorhanden ist. Eine größere Übersicht besitzen schon seit langer Zeit die Rheinlande, wo Lamprecht die Zusammenstellung besorgt hat. Durch Anton Mell haben wir sie für Steiermark erhalten, für Tirol bieten die Archivberichte wenigstens die Grundlage. Wenn diese Verzeichnisse und Übersichten vollständiger werden, dann werden damit auch die weiteren Fragen, die heute hier erörtert wurden, noch klarer werden und sich leichter der Lösung zuführen lassen.

Indem ich den Herren Referenten den ganz besonderen Dank der Versammlung ausspreche, schließe ich die Sitzung.

Am 2. September abends 7 Uhr fand in der Aula der Alten Universität der **zweite öffentliche Vortrag** statt. Professor **Wilhelm Busch** (Tübingen) sprach über „**Das deutsche Hauptquartier zu Versailles und der Streit über die Bekämpfung von Paris 1870**"[1].

Nach kurzem Überblick über die bisherige Literatur und das verfügbare Quellenmaterial zu der behandelten Frage stellte Redner fest, daß ein Gegensatz zwischen Bismarck und Moltke vor dem Kriege **nicht** bestand, daß sie vielmehr 1866 in den entscheidenden Momenten gemeinsam gehandelt hatten. Auch Meinungsverschiedenheiten, wie über den Vormarsch gegen Paris nach Sedan, konnten noch keinen Gegensatz hervorrufen.

In den militärischen Kreisen herrschte im September und bis in den Oktober hinein Einmütigkeit sowohl darüber, daß Paris

---

[1] Der Vortrag war ein Auszug aus der Schrift, die dann unter dem Titel „Das deutsche große Hauptquartier und die Bekämpfung von Paris im Feldzuge 1870/71" (Stuttgart, Cotta 1905) erschienen ist.

bezwungen, als auch darüber, wie es bezwungen werden müßte: durch förmlichen Angriff. Erst die ganz ungeahnten Schwierigkeiten, die sich dem Transport des von der Bahn bis Nanteuil gebrachten Artilleriematerials entgegenstellten, ließen zunächst bei dem mit dem Hauptangriff betrauten Oberkommando der III. Armee den Gedanken vortreten, sich nur auf den Fall der Festung durch Hunger zu verlassen. So erlahmte mit der erwachenden Tatkraft beim Gegner der eigene Eifer, zumal auch Moltke noch im Oktober sich diesem Standpunkt annäherte, ohne freilich wie Blumenthal auf die Beschießung überhaupt verzichten zu wollen. Mit dieser Ansichtsänderung erst begann auch der persönliche Gegensatz zu den „Schießern", voran Bismarck und Roon, der aber erst Ende Oktober und im November hervortrat. Bei diesen aber, denen die sachlichen Motive der Ansichtsänderung der anderen zunächst verborgen sein mußten, rief er sofort den Verdacht an äußere unsachliche Einflüsse wach, deren Spuren sich allerdings unverkennbar zeigen. Durch diese Anschauung erhielt der Konflikt seine außerordentliche persönliche Schärfe, die dadurch nur verstärkt wurde, daß Bismarck vom 22. November an im Gegensatz zu den beiden Strategen die energischere Betreibung der Beschießung beim König durchsetzte, wobei ihn die eigentlichen Fachleute des Festungskrieges, die Artilleristen und Ingenieure, unterstützten. Die Frage des Bombardements der Stadt war neben derjenigen der Beschießung überhaupt nur eine Nebenfrage, die sich aber auch stark in den Vordergrund drängte. Mit dem Gegensatz zwischen Bismarck und Moltke verband sich der von Politik und Kriegführung überhaupt, deren unbedingt nötiges Ineinandergreifen wie 1866 jetzt durch den Hader der leitenden Männer verhindert wurde. Dabei war bei Bismarck neben der allerdings vorhandenen Neigung, herrschend in den Amtsbereich des andern überzugreifen, die Überzeugung vom notwendigen Zusammenarbeiten vorhanden, während Moltke und noch schärfer Blumenthal dies ablehnten. Im Lauf des Dezember wurde es mit der Beschießung Ernst, wenn auch die Gegensätze unversöhnt blieben und die Reibungen fortdauerten. Paris ist durch den Hunger gefallen, die Beschießung hat nur einen letzten Druck ausüben können, aber nur, weil man zu spät mit ihr begann. Abgesehen von dem großen moralischen Einfluß auf die aus ihrer Passivität erlösten eigenen Truppen hatten die Wirkungen der Belagerungsartillerie alle Erwartungen übertroffen. Mit ihr aber hatten die Männer gesiegt, die es ihr erst ermöglicht hatten, vor Paris zu Worte zu kommen, Bismarck und Roon. Die Voraussetzungen, auf die hin man geglaubt hatte, Paris und ganz Frankreich dem Fall durch sich selber anvertrauen zu können, hatten sämtlich getrogen. Hat Moltke später erklärt, er würde nach allen Erfahrungen im gleichen Fall dem König nach Sedan nur wieder die Fort=

setzung der Operationen gegen Paris anraten können, so würde er schwerlich auch den Kampf gegen Paris genau wieder so haben führen lassen, wie es 1870 geschehen ist.

Dritte Sitzung.

Am 3. September vormittags 9 Uhr begannen die Verhandlungen unter dem Vorsitz von Geh. Rat Prof. v. Heigel (München) mit dem Vortrage von Prof. H. v. Voltelini (Innsbruck) über „Die Entstehung der Landgerichte auf bayerisch-österreichischem Rechtsgebiete"[1]. Der Vortragende führte aus:

Die Entstehung der Landgerichte, die im bayerisch-österreichischen Rechtsgebiete bis ins 18. und 19. Jahrhundert die territoriale Grundlage für die politische und gerichtliche Verwaltung gebildet haben, ist noch immer nicht in befriedigender Weise erklärt. Man hat sie an die früheren Hundertschaften anknüpfen wollen, wie dies in manchen Teilen Deutschlands zutrifft. Jedoch kannten die Bayern keine räumlich abgegrenzten Hundertschaften. Richtiger schon ist ihr Zusammenhang mit Immunitäten und Exemtionen, wenn auch diese Erklärung nur für einen Teil ausreicht. Jedenfalls sind die Landgerichte Trümmer von Grafschaften und werden häufig als solche bezeichnet. Die Untersuchungen, die im Zusammenhang mit der Anfertigung der historischen Atlanten durchgeführt werden, dürften endlich den erwünschten Aufschluß bieten. Die Gedanken, die sich dem Referenten bei dieser Beschäftigung aufgedrängt haben, teilte er mit. Wenn auch das von ihm bearbeitete Gebiet, das südliche Tirol, nicht mehr dem bayerisch-österreichischen Rechtskreise angehört, so zeigt es doch gerade hinsichtlich der Entwicklung des Gerichtswesens sehr viel übereinstimmendes.

Zunächst machte die zunehmende Kolonisation die Entstehung neuer Gerichtssprengel, die Teilung bestehender nötig. Weiter führte das Lehenswesen, das auch die Grafschaften ergriff, zu Teilungen. Dann entstanden durch Immunitätsverleihungen und Exemtionen neue Gerichtssprengel. Zunächst war es Sache des Königs, solche Exemtionen zu erteilen, später des Landesherrn. Auch die grund- und leibherrliche Gerichtsbarkeit konnte zur Bildung geschlossener Gerichtssprengel führen, indem der territoriale Staat zur Beseitigung zerrissener Gerichtbarkeiten drängte. Freilich ist diese Beseitigung nicht überall gelungen.

---

[1] Der Vortrag wird vollständig im „Archiv für österreichische Geschichte" erscheinen.

Der wichtigste Anstoß zur Bildung der Landgerichte kam von der Burgenverfassung. Die Einfälle der Ungarn waren es, die in unseren Gegenden, Tirol ausgenommen, zum Bau von Burgen führten. Um die Burg entstand ein Bezirk, dessen Bewohner zu Burgwerk und Wachdienst auf der Burg verpflichtet waren; der Hauptmann der Burg übte über die bäuerliche Bevölkerung des Bezirks den Burgbann. Als es nötig schien, die Zahl der Gerichte zu vermehren, wurden häufig die Burghauptleute unter Beibehaltung der Tätigkeit als solche auch Richter, und die Burgfrieden wurden Landgerichte. Auf solche Weise konnten landesfürstliche und patrimoniale Landgerichte entstehen. Selbst Exemtionen sind auf Grund solcher Burgfrieden erteilt worden. In Bayern, Tirol und Salzburg sind die Landgerichte im 13. Jahrhundert zumeist landesfürstlich, in den Marken dagegen sind sie früh in die Hände von Privaten gelangt. Dies und die fortdauernde Exemtion von Burgfrieden führte gerade hier zu einer beispiellosen Zersplitterung der Gerichtsbezirke.

Die Debatte eröffnete Prof. Rietschel (Tübingen) mit dem Ausdrucke des Dankes gegenüber dem Vortragenden und fügte einige Beobachtungen und Fragen hinzu. „Es fielen mir zunächst Ähnlichkeiten in der Entwicklung Südtirols mit dem deutschromanischen Grenzgebiet Graubündens auf; auch hier finden sich noch spät ähnliche Reste der alten Grafschaftsverfassung. Ferner war mir das Verhältnis interessant, in dem Immunitätsgebiete zu den Landgerichten stehen: in Südtirol scheint der Grafschaftstitel für die weltliche Immunität üblich zu sein, und dadurch wird es erklärlich, daß so viele gräfliche Familien aus Südtirol stammen. Aufklärung möchte ich mir noch darüber erbitten, ob diese Immunität territorial oder persönlich gewesen ist, sowie in welchem Verhältnis die Grundherrschaft und die Herrschaft über die Eigenleute bei der Bildung der Gerichtsbezirke zueinander gestanden haben. Es fragt sich: ist der Grundherr auch Gerichtsherr über seine Eigenleute geworden, die nicht auf seinem Grund und Boden saßen? oder umgekehrt: ward er Gerichtsherr über alle auf seinem Eigentum sitzenden Leute, auch wenn sie Freie oder Eigenleute anderer Grundherren waren?"

Prof. v. Voltelini: So viel ich sehe, ist das territoriale Moment ausschlaggebend gewesen, aber auch dem persönlichen ist nicht jede Bedeutung abzusprechen, namentlich insofern als in Südtirol jedem Grundherrn die niedere Gerichtsbarkeit über die Eigenleute zukam, und zwar ohne Rücksicht darauf, wo diese saßen, also auch dann, wenn sie auf fremdem Grunde saßen. Wenn dieser Herr die hohe Gerichtsbarkeit überhaupt erwarb, dann usurpierte er die hohe Gerichtsbarkeit über die Häuser aller seiner Hörigen.

Verleihungen der Immunität über solche an Grundherren sind mir nicht vorgekommen, aber wohl wird bisweilen von den Grundherren behauptet, daß sie Immunitäten besäßen, und dieser Anspruch wird dann von der öffentlichen Gewalt anerkannt. Auch wird wiederholt betont, daß die Zahl dieser Häuser anfangs klein war, und daß sich die Grundherren immer mehr angeeignet hätten zum Schaden des Bischofs.

Prof. v. Below (Tübingen): Die Hauptstreitfrage ist die: sind die Landgerichte bezw. Territorien im Anschluß an grund= herrschaftlichen Besitz entstanden oder nicht? Ersteres hat Schulte behauptet, der Vortragende ist dagegen im wesentlichen zu entgegen= gesetzten Ergebnissen gelangt. Ich möchte diese zusammenfassen und folgende Sätze im Sinne des Vortragenden aufstellen: 1. Die Landgerichte decken sich nicht immer mit grundherrlichen Bezirken. 2. Selbst wenn sie sich decken, so liegt in dem grundherrlichen Bezirk nur der Antrieb, einen Landgerichtsbezirk zu bilden. Aber woher stammt die Kompetenz? Das ist rechtsgeschichtlich jedenfalls das entscheidende, wenn auch zuzugeben ist, daß allgemein= geschichtlich noch anderes zu berücksichtigen ist. Da kann nun kein Zweifel entstehen, es handelt sich um eine Herleitung aus der alten Grafschaftskompetenz. 3. Landgerichte können entstehen durch fortschreitende Kolonisation und 4. durch die Verwandlung der Grafschaften in Lehen, erbliche Lehen und die daraus folgenden Teilungen. — Seeliger hat betont, daß bei Bildung eines Immunitäts= bezirks dieser bis zu einem gewissen Zeitpunkt nicht völlig aus der Grafschaft ausscheidet. Aus dem vom Vortragenden angeführten Beispiel des Domkapitels zu Verona, das drei Dörfer in Judikarien besaß, geht hervor, daß es sich im wesentlichen um eine Machtfrage handelt, ob der Immunitätsinhaber oder ein anderer Landgerichts= herr wird. Obwohl der erstere alle Rechte besitzt, so behauptet der Graf, der die historische Erinnerung für sich hat, dennoch eine gewisse Überordnung. Der Immunitätsherr ist eximiert von der alten Grafschaft, aber wenn der Graf sich darauf, um eine Herr= schaft über den Immunitätsbezirk behaupten zu können, beruft, so ist das etwas formelles, mehr ein Vorwand, da die alte Grafschaft nicht mehr besteht und oft mehrere Territorien daraus entstanden sind, deren Herren nebeneinander stehen und sich als Konkurrenten bekämpfen. Gegenüber Voltelini möchte ich nicht einen allgemeinen Zusammenhang zwischen Burgenverfassung und der Bildung von Landgerichten annehmen. Die Sache ist vielmehr einfacher: der Herr des Landgerichtsbezirks setzte einen Beamten, der die Befug= nisse des Richters hatte, auf die in der Nähe befindliche Burg, und daraus wurde dann eine bestimmte Verpflichtung für die Ein= wohner des Landgerichtsbezirks abgeleitet. Die Burg bildet den Mittelpunkt des Bezirks, weil sie die Residenz des Bezirksvorstehers ist. Oft gehören auch zu einem Verwaltungsbezirk mehrere Landgerichte; dann haben letztere keine Burg zum Mittelpunkt, sondern nur der erstere.

Prof. Luschin von Ebengreuth (Graz): Für die Gestalt und die Geschichte der Landgerichte ist vielfach auch die verschiedene Politik der Landesfürsten maßgebend gewesen. Die Herzöge von Bayern haben die Landgerichtsbarkeit selbst in der Hand behalten und darin ein Mittel erblickt, um die Ausbildung ihrer landesfürstlichen Gewalt zu fördern, die Herzöge von Österreich dagegen haben nur den Blutbann oder richtiger die Autorisierung zur Ausübung des Blutbannes sich vorbehalten und im übrigen dem Wunsche ihrer Landherren, die Landgerichtsbarkeit in kleinen Bezirken auszuüben, keinen Widerstand geleistet. Als sich seit dem 16. Jahrhundert in Österreich die landesfürstliche Gewalt auf Kosten der ständischen Vorrechte immer mehr ausbildete, wurden in Innerösterreich (Steiermark, Kärnten, Krain) die Grundherren, welche die Blutgerichtsbarkeit nicht persönlich ausüben wollten, genötigt, den landesfürstlichen Bannrichter zur Fällung des Urteils beizuziehen. Dadurch entstand die Unterscheidung von **privilegierten** und **nichtprivilegierten** Landgerichten. Die Großgrundbesitzer wollten sich auf ihren Besitzungen frei bewegen, daher suchte, wenn ein neuer Edelmannshof entstand, der Besitzer zum wenigsten für ihn und das zugehörige Gebiet die Edelmannsfreiheit zu erlangen, um diese bei günstiger Gelegenheit zu einem förmlichen Burgfrieden mit niederer Gerichtsbarkeit zu erweitern und unter besonders günstigen Verhältnissen die volle Landgerichtsbarkeit zu erwerben.

Prof. Aloys Schulte (Bonn): In der Debatte bin ich als Vertreter derjenigen genannt worden, die eine Entwicklung der Landgerichte aus grundherrlichen Bezirken heraus annehmen. Allerdings habe ich vor 18 Jahren für ein bestimmtes Gebiet diese Ansicht vertreten, aber weitere Untersuchungen haben mich zu der Ansicht geführt, daß dies auch für dieses Gebiet nicht durchgängig richtig ist. Deshalb möchte ich nicht mehr als Vertreter der grundherrlichen Theorie gelten, die ich als allgemeine Regel niemals vorgetragen habe.

Privatdozent Albrecht Wirth (München) möchte die vom Vortragenden erwähnte Tatsache, daß 908 im Gebiet des Bistums Eichstädt in Bayern den Bewohnern gestattet worden sei, gegen die Pagani Burgen zu bauen, nicht wie der Vortragende auf die Magyaren beziehen, sondern eher auf die Slaven, vor allem aus chronologischen Gründen. Ferner teilt Redner einige Tatsachen mit, die eine der deutschen ähnliche Entwicklung in Japan erkennen lassen.

Prof. Werunsky (Prag) betont, daß in Bayern bis zum

12. Jahrhundert centurio und Schultheiß nicht notwendig dasselbe war und daß letzterer als Vollstreckungsbeamter ursprünglich im Gegensatz zu ersterem eine öffentliche Gerichtsbarkeit nicht ausgeübt hat. Später allerdings sei es zu einer Kombination beider Ämter gekommen, und zwar hätten anscheinend die bayerischen Herzöge nach dem Erwerb zahlreicher Grafschaften die gräfliche Gerichtsbarkeit in den Unterbezirken und zwar über alle dort ansässigen nicht exemierten Leute den Beamten, die beide alte Ämter in sich vereinigten, übertragen. Deshalb verschwindet im 13. Jahrhundert der Name centurio ebenso wie der des Schultheiß, wie seit dem 13. Jahrhundert in Bayern die Institution der Schöffen verschwindet. Dafür trete der schon in den ältesten bayerischen Rechtsquellen bekannte iudex, der Richter, hervor.

Geheimrat v. Heigel (München) dankt unter Hinweis auf die anregende Debatte dem Vortragenden für seine gediegenen und durch ihre Schlichtheit imponierenden Ausführungen und schließt die Verhandlung.

Nach einer Pause ergriff das Wort Prof. August Fournier (Wien) zu seinem Vortrage „über neue Quellen zur Geschichte des Wiener Kongresses"[1] und gab etwa folgenden Gedanken Ausdruck:

„Der Wiener Kongreß von 1814—15, der den Widerstreit zweier weltbewegenden Prinzipien mit dem Sieg des Grundsatzes vom Gleichgewicht der Mächte abschloß, hat bis jetzt noch keine gesonderte wissenschaftliche Darstellung gefunden. Wir lesen zwar sehr wertvolle Abschnitte in einzelnen staatshistorischen Werken, Monographien über einzelne Fragen, die auf dem Kongreß erörtert wurden, Mitteilungen über den Anteil einzelner Persönlichkeiten an den Verhandlungen, aber eine Geschichte des Kongresses selbst steht noch aus. Goethes Ausspruch: „Der Wiener Kongreß ist nicht zum Nacherzählen, denn er hatte keine Gestalt" scheint nicht ganz unrichtig zu sein. Er hatte in der Tat keine greifbare Gestalt: er ward im Frühsommer 1815 geschlossen und war eigentlich nie eröffnet worden, und daß er neun Monate dauern würde, hatte niemand, auch der Eingeweihteste nicht, vorausgesehen."

Nach einem kurzen Überblick über die heute bekannten Vorgänge auf dem Kongreß läßt der Vortragende die wichtigsten der im Druck erschienenen Quellen Revue passieren und zeigt, daß sie

---

[1] Der Vortrag ist vollständig im Druck erschienen in der „Österreichischen Rundschau", herausgegeben von Alfred Freiherrn v. Berger und Karl Glossy (Wien, Konegen) Bd. 1, Heft 3, S. 140—150.

noch nicht zureichen, um die volle Kenntnis der Entwicklung und Lösung gerade der wichtigsten europäischen Fragen, der sächsischen und der polnischen, zu gewinnen: „Lassen uns aber alle diese wichtigen Quellen über die entscheidenden Vorgänge nicht genügende Aufklärung zuteil werden, so wird es Pflicht, zu fragen, ob es nicht n e u e Quellen gibt und w o sich diese befinden. Das Suchen danach beruht zum größten Teile auf einer ziemlich einfachen Denkarbeit. Nehmen wir z. B. die sächsische Angelegenheit. Da liegt die Frage nicht fern, ob nicht der Bruder des Königs von Sachsen, Prinz Anton, der die älteste Schwester, Therese, des Kaisers Franz gegeheiratet hatte und sich seit September 1814 in Wien aufhielt, Gelegenheit gesucht haben wird, sich mit dem König zu verständigen und ihn über die Vorgänge in Wien und den Stand seiner Sache zu unterrichten. In der Tat hat eine Anfrage beim Dresdener Archiv ein günstiges Ergebnis geliefert: es existiert eine solche Korrespondenz und sie wirft namentlich auf die kritischen Novembertage ein neues Licht — Wenn die Publikation des Grafen Münster Lücken aufweist, die wir schmerzlich empfinden, so lag es nahe, beim Archiv in Hannover anzufragen, und da stellte es sich heraus, daß tatsächlich eine Anzahl Münsterscher Depeschen an den Prinzregenten von England noch ungedruckt sind, die besonders für die Dezembertage manchen wichtigen Wink geben. Sicher dürfte sich auch die Frage lohnen, ob nicht auch der König von Bayern oder Fürst Wrede mit dem ersten Minister Montgelas, der nicht nach Wien gekommen war, in einem schriftlichen Gedankenaustausch gestanden haben, und es ist wahrscheinlich, daß sich in den Münchener Archiven hierüber Belege finden. Ich kann auch mitteilen, daß die berühmten Albrechtschen Papiere in Berlin noch immer manches bis jetzt Unbekannte enthalten. Vor allem möchte ich aber doch von Wien sprechen, denn der Kongreß lenkt zunächst den Blick dorthin.

Von den staatlichen Archiven besitzt das Haus-, Hof- und Staatsarchiv 28 Faszikel von Akten über den Wiener Kongreß, die sich seit einigen Jahren in musterhafter Ordnung befinden. Schon manche Forscher haben sie benutzt, aber ich habe Grund zu der Annahme, daß sich darin noch mancherlei findet, das deren Aufmerksamkeit entgangen ist. Eine fast jungfräuliche historische Quelle findet sich auch im Archiv des Ministeriums des Innern: es sind die Akten des ehemaligen Polizeiministeriums über den Wiener Kongreß, von denen ich ein Wort sagen will.

Auf Veranlassung Metternichs hatte die Polizei den Auftrag erhalten, die fremden Diplomaten und hervorragende Würdenträger in ihrem mündlichen und schriftlichen Verkehr zu beobachten und darüber täglich Bericht zu erstatten. Diese Berichte mit zahlreichen Rapporten geheimer Agenten und unterschlagenen Briefen sind bis auf wenige Lücken erhalten. Unter vielem Klatsch und

leerem Gerede findet man darin, wenn man zu sichten weiß, manch
interessantes Interview und manch orientierendes Salongespräch.
Vor allem gewinnt man daraus die Lehre, daß man endlich die
noch immer beliebte Tradition verabschieden muß, der Kongreß sei
deshalb nicht zum Arbeiten gekommen, weil man sich vor allem
amüsieren wollte. Im Gegenteil! Die hohen Gäste mußten in
Wien bleiben und sich notgedrungen vergnügen, weil die Politik
eine gespannte Situation aufwies. Wichtiger und wertvoller aber
für den Historiker sind die unterschlagenen oder heimlich eingesehenen
Briefe, um so mehr als die Polizei dabei selbst vor den höchsten
Herrschaften nicht Halt machte: Briefe der Kaiserin an eine Freundin
in Preßburg werden interzipiert, ebenso der Briefwechsel der Kaiserin
Maria Louise mit ihrem Freunde Neipperg, auch was die Schwester
des Kaisers, Prinzessin Therese von Sachsen, an ihren Schwager
nach Prag schreibt, alles wird interzipiert und perlustriert. Des=
gleichen die Briefe des Erzherzogs Karl, des Königs von Württemberg
und seines Sohnes, kurz aller irgendwie hervorragenden Persönlich=
keiten, die sich dann zu wehren suchen, indem sie, wie die preußischen
Patrioten der Franzosenzeit, für einzelne Personen eigene Namen
erfinden. Nicht ohne Raffinement. Wer möchte wohl unter dem
Namen „Venus" sofort auf Kaiser Franz raten! Auch unfertige
Konzepte, die als untauglich befunden worden waren und weg=
geworfene Briefschaften, kurz der ganze Papierkorb stand unter
Polizeiaufsicht." (Derartige Papiere, die den Namen „Chiffons"
führen, legt der Vortragende vor: so einen Brief von J. E. Voll=
mann, einen von Gentz an Dalberg und aus dem Kamin in der
Wohnung Humboldts geholte Schriftreste.)

„Was ich bisher in Wien an Privataufzeichnungen fand, ist
weit hinter meinen Erwartungen zurückgeblieben; jedoch halte ich
es nicht für ausgeschlossen, daß namentlich die neugegründete
„Gesellschaft für neuere Geschichte Österreichs" mit=
hilft, manches Neue und Wichtige an den Tag zu bringen. Was
wir bisher von solchen unedierten Privataufzeichnungen kennen,
sind: ein Tagebuch des Kritikus Rosenbaum in der Wiener
Hofbibliothek, das ebenso wie das jüngst von Glossy herausgegebene
Schreyvogels lediglich von dramaturgischem Interesse ist; dann
ein Manuskript in der kaiserlichen Fideikommißbibliothek, das den
Kanzleidirektor im Oberststallmeisteramt Skall zum Verfasser hat:
„Memorabilien vom Wiener Kongreß", ein nicht unwichtiger Behelf
für den Forscher, weil es genau die Ankunftszeiten der Fürstlich=
keiten und Diplomaten und deren Wohnungen angibt. Ähnlich
steht es mit den Aufzeichnungen eines Finanzbeamten und Bummlers,
Perth mit Namen, der über viele der Festlichkeiten als Augen=
zeuge berichtet und die Eindrücke wiedergibt, die das „Volk" davon
empfindet. Alle diese Mitteilungen privater Zeitgenossen gewähren

nur Aufschlüsse über nebensächliche Dinge. Von größerer Wichtigkeit für wissenschaftliche Zwecke sind zweifellos die staatlichen Aktensammlungen, die noch keineswegs genügend durchforscht sind."
Geheimrat v. Heigel als Vorsitzender dankte, da von einer Erörterung abgesehen wurde, dem Redner, und Prof. Redlich nahm sodann das Wort zu einer Schlußansprache, in der er die Verhandlungen des Salzburger Tages zusammenfassend charakterisierte und mit den Worten schloß:
„Nach den letzten trüben regnerischen Tagen leuchtet uns zum Schlusse die Sonne in diesen herrlichen Saal. Möge dies ein Zeichen dafür sein, daß der 8. Historikertag einen guten Eindruck hinterlasse und die Daseinsberechtigung der Historikerversammlungen aufs neue beweise."
Prof. Kaufmann (Breslau) dankte den Herren, die sich um die Leitung des Tages verdient gemacht haben, und die Anwesenden erhoben sich zu ihrer Ehrung von den Sitzen.

Nachmittags drei Uhr fand im städtischen Kursaale das Festmahl statt, wobei eine Anzahl Tischreden gehalten wurden, die in Hochrufe auf Kaiser Franz Joseph und Kaiser Wilhelm (Prof. Oswald Redlich), auf die Stadt Salzburg (Prof. v. Scala), auf die historische Wissenschaft und ihre Vertreter (Graf Kuenburg), auf das fernere Gedeihen der Historikertage (Prof. Kaufmann), die Damen (Oberstudienrat Egelhaaf), den Vorsitzenden des Historikertages (Prof. Meyer v. Knonau), die Schweizer Historiker (Prof. Redlich), das Institut für österreichische Geschichtsforschung und die historischen Seminare (Prof. v. Wretschko) ausklangen. — Im Anschluß daran wurde ein gemeinsamer Spaziergang nach der Feste Hohensalzburg unternommen.

Sonntag, den 4. September, früh 7 Uhr, fuhren die Versammlungsteilnehmer als Gäste Sr. kaiserlichen Hoheit des Erzherzogs Eugen mit Sonderzug nach dem an der Strecke Salzburg — Bischofshofen gelegenen Markte Werfen, über dem sich nördlich auf steil zur Salzach abstürzendem Waldberge das Schloß Hohenwerfen erhebt. Die gut erhaltene außerordentlich ausgedehnte Burganlage, die ihren gegenwärtigen Charakter durch die starken Befestigungen des 16. Jahrhunderts erlangt hat, aber seit 1800 keinen militärischen Wert mehr besaß und allmählich dem Verfall entgegenging, ist seit 1898 Eigentum des jetzigen Besitzers, der das bedeutsame historische Denkmal mit großen Mitteln unter

fachentsprechender Leitung wieder herstellen läßt. Archivdirektor
Michael Mayr (Innsbruck) hat die geschichtlichen Studien an=
gestellt, und der Wiener Architekt Anton Weber hat die Aus=
führung der Restaurationsarbeiten übernommen[1], durch die bisher
namentlich eine Reihe späterer Anbauten beseitigt und eine be=
trächtliche Anzahl Räume schon hergestellt und ausgeschmückt worden
sind. Mit dem größten Interesse betrachteten die Besucher alle
Einzelheiten, deren Kenntnis die Herren Mayr und Weber als sach=
kundige Führer vermittelten, und gewannen die Überzeugung, daß
hier ein Bauwerk, dem sich nur ganz wenige Schlösser auf deutschem
Boden vergleichen lassen, sachgemäß wiederhergestellt wird. Von
Hörnern und Fanfaren begrüßt, durchschritten die Gäste die weiten
Innenräume und nahmen dann auf dem Schloßhofe angesichts der
im Sonnenscheine strahlenden überragenden waldigen Bergkuppen
ein Frühstück ein. An Erzherzog Eugen wurde ein Danktelegramm
entsandt, und die Teilnehmer trugen ihre Namen in ein Gedenk=
buch ein. Um die Mittagszeit fuhren die Gäste im Sonderzug
nach Salzburg zurück, von wo sie sich im Laufe des Nachmittags
in alle Winde zerstreuten.

---

[1] Vgl. die bereits oben S. 2 angeführte Schrift „Veste Hohenwerfen".
Eine größere Monographie über die Gesamtgeschichte dieses Schlosses ist noch
zu erwarten.

Anhang I.

Geschäftsbericht des Verbandes deutscher Historiker.

Die Sitzung des Verbands fand am 2. September, nachmittags 6 Uhr unter dem Vorsitz von Prof. v. Scala statt. Es wurde zunächst der unten mitgeteilte Kassenbericht erstattet und dann zur Neuwahl der Ausschußmitglieder geschritten.

Gemäß § 13 der Geschäftsordnung (Bericht über die siebente Versammlung deutscher Historiker S. 47) haben die fünf ältesten, das sind die in Nürnberg 1898 gewählten, auszuscheiden, nämlich Hansen, Kaufmann, v. Stälin, Ulmann, Weech. Außerdem war für den verstorbenen Mühlbacher ein Ersatzmann zu wählen. Durch Zuruf wurden die der Versammlung vom Ausschuß vorgeschlagenen Herren gewählt, nämlich: Prof. Gelzer (Jena), Archivdirektor Hansen (Köln), Prof. Kaufmann (Breslau), Geh. Archivrat v. Stälin (Stuttgart), Prof. Ulmann (Greifswald), Geh. Archivrat v. Weech (Karlsruhe). Durch Zuwahl seitens des neuen Ausschusses wurden ferner in diesen berufen Prof. Busch (Tübingen), Prof. Rietschel (Tübingen) und außerdem wieder die bereits in Heidelberg kooptierten Herren Bachmann (Prag), Egelhaaf (Stuttgart), v. Heigel (München), v. Scala (Innsbruck) und Seeliger (Leipzig). Demnach besteht der neue Ausschuß zurzeit aus folgenden 22 Mitgliedern: Bachmann, v. Below, Busch, Egelhaaf, Gelzer, Hansen, v. Heigel, Kaufmann, Lamprecht, Marcks, Meinecke, Ed. Meyer, Meyer v. Knonau, Prutz, Redlich, Rietschel, v. Scala, Seeliger, v. Stälin, Ulmann, v. Weech, v. Zwiedineck-Südenhorst.

Als Zeit für die nächste Tagung wurde Ostern 1906 bestimmt, als Ort in erster Linie Jena, und falls die örtlichen Verhältnisse dort dafür nicht geeignet sein sollten, Stuttgart[1].

---

[1] Da Prof. Gelzer (Jena) aus Gesundheitsrücksichten die Leitung des Tages nicht übernehmen zu können erklärte, ist die Entscheidung inzwischen endgültig für Stuttgart gefallen. Den Vorsitz des Verbandsausschusses und damit die Leitung des 9. Historikertages wird Prof. v. Below (Tübingen) übernehmen.

Durch Beschluß des Verbandsausschusses wurde § 18 der Geschäftsordnung des Verbandes (Bericht über die siebente Versammlung S. 48) aufgehoben, und zwar soll die Versendung der Programme künftig von einer Stelle aus erfolgen und zu diesem Behufe die Herstellung eines Verzeichnisses möglichst aller deutscher Historiker in die Wege geleitet werden. Diese Aufgaben hat Dr. Armin Tille in Leipzig übernommen.

Den Kassenbericht erstattete der Schatzmeister des Verbandes in folgender Weise:

Kassenbestand am 31. Dezember 1902 . . 851,26 Mk.
Beiträge der Mitglieder (mit Ausnahme des in Heidelberg beim Ortsausschuß eingezahlten) . . . . 425,— „
Einnahmerest des Heidelberger Ortsausschusses:
    Einnahme 1047,70 Mk.
    Ausgabe 748,96 „ Rest 298,74 „
Jahreszinsen des Kapitals von 2000 Mk.
(angelegt in preußischen 3½% Consols) 70,— „
    Summa der Einnahmen 1645,— Mk.
    Ausgaben 392,96 „
Am 31. Dezember 1903 Kassenbestand . . 1252,04 Mk.

Die Rechnungsprüfer Prof. W. Erben und Prof. A. Cartellieri haben die Rechnung am 2. September 1904 geprüft und für richtig befunden, auf ihren Antrag erteilt der Verband dem Schatzmeister Prof. Hansen für das Jahr 1903 Entlastung.

Anhang II.

Bericht über die sechste[1] Konferenz von Vertretern landesgeschichtlicher Publikationsinstitute.

Gemäß der Heidelberger Beschlüsse war Privatdozent Dr. R. Kötzschke (Leipzig) zum Sekretär der Konferenz ernannt worden und hatte die Vorbereitungen für die Tagung getroffen, in der fünf Gegenstände programmgemäß zur Behandlung gelangt sind. Die erste Sitzung am 31. August nachmittags 3 Uhr in einem Hörsaale der Andreas-Schule eröffnete Prof. Hansen (Köln). Auf seinen Vorschlag wurde Prof. v. Zwiedineck-Südenhorst (Graz) zum Vorsitzenden der Tagung gewählt und die Abhaltung von drei Sitzungen, die beiden nächsten am 2. und 3. September, beschlossen. Ferner wurde der Beschluß gefaßt, die Verhandlungen der Konferenz ausführlicher als bisher in dem offiziellen Bericht über die Historikerversammlung zum Abdruck zu bringen und Dr. Armin Tille (Leipzig) mit der Führung des Protokolls und Erstattung des Berichts über die Verhandlungen beauftragt.

Von den **landesgeschichtlichen Publikationsinstituten** waren vertreten:

a) solche, die sich bereits früher an Konferenzen beteiligt haben[2]:
1. **Gesellschaft für rheinische Geschichtskunde** — durch Prof. Hansen, Archivdirektor Ilgen, Prof. Schulte.
2. **Verein für Geschichte Ost- und Westpreußens** — durch Prof. Rachfahl.
3. **Badische historische Kommission** — durch Archivrat Krieger.

---

[1] Irrtümlich war in dem vor der Tagung ausgegebenen Programm von der „fünften" Konferenz die Rede. Die erste hat 1895 in Frankfurt, die zweite 1896 in Innsbruck, die dritte 1898 in Nürnberg, die vierte 1900 in Halle, die fünfte 1903 in Heidelberg stattgefunden.

[2] Lediglich aus persönlichen Gründen fehlten die Historischen Kommissionen für Westfalen und Hessen-Waldeck.

4. Historische Kommission für die Provinz Sachsen und das Herzogtum Anhalt — durch Oberlehrer Reischel.
5. Königl. Württembergische Kommission für Landesgeschichte — durch Prof. v. Below.
6. Thüringische Historische Kommission — durch Prof. Mentz.
7. Historische Landeskommission für Steiermark — durch Prof. v. Zwiedineck-Südenhorst.
8. Historischer Verein für Steiermark — durch Privatdozent Mell.
9. Commission royale d'histoire de Belgique — durch Prof. Pirenne.
10. Allgemeine geschichtsforschende Gesellschaft der Schweiz — durch Prof. Meyer v. Knonau.

b) solche, die sich bisher an den Konferenzen noch nicht beteiligt haben:
11. Institut für österreichische Geschichtsforschung — durch Prof. v. Ottenthal und Prof. Oswald Redlich.
12. Gesellschaft für Salzburger Landeskunde — durch Prof. Widmann.
13. Verein für Landeskunde von Niederösterreich — durch Kustos Vancsa.
14. Geschichtsverein für Kärnten — durch Regierungsrat Hann und Landesarchivar v. Jaksch.
15. Gesellschaft für die Geschichte des Protestantismus in Österreich — durch Prof. Loesche.
16. Museum Carolino-Augusteum in Salzburg — durch Kanzleidirektor Pezolt.

Außer den 20 als Vertreter genannten wohnten noch die 25 folgenden — zusammen 45 — Teilnehmer des Historikertags den Verhandlungen bei:

Privatdozent Beckmann (München),
Prof. Chroust (Würzburg),
Prof. Dopsch (Wien),
Prof. Finke (Freiburg),
Archivar a. D. Forst (Zürich),
Privatdozent Goetz (München),
Graf Kuenburg (Salzburg),
Prof. Kaufmann (Breslau),
Privatdozent Kaser (Wien),
Dr. Kuske (Köln),
Privatdozent Kötzschke (Leipzig),
Privatdozent Lechner (Wien),
Prof. Luschin v. Ebengreuth (Graz),
Prof. Richter (Graz),
Dr. Ritter von Srbik (Wien),
Prof. Rietschel (Tübingen),
Prof. Simonsfeld (München),
Geh. Archivrat v. Stälin (Stuttgart),
Oberlandesgerichtsrat Strnadt (Linz),
Dr. Tille (Leipzig),

Prof. Quibbe (München), Privatdozent Wopfner (Innsbruck),
Prof. Werunsky (Prag),
Prof. Wolfram (Bamberg), Prof. Wretschko (Innsbruck).

Die Verhandlungen der ersten Sitzung beschränkten sich auf den **Austausch von Erfahrungen über Verlag und Druck von Publikationen der Institute**. Archivdirektor Prof. Dr. Hansen (Köln) schilderte das mehrfach wechselnde Verfahren der Gesellschaft für Rheinische Geschichtskunde. Vertreter anderer Institute äußerten sich kurz über das bei ihnen herrschende Verfahren, doch standen für sie die genauen Zahlen hinsichtlich des eigenen Bedarfs, des Bogenumfangs usw. nicht zur Verfügung, so daß sich ein Vergleich nicht sofort anstellen ließ. Um dafür die nötigen Unterlagen zu gewinnen, wurde die Ausarbeitung eines Fragebogens durch eine dreigliedrige Kommission beschlossen, der an alle Institute verschickt werden soll. Die auf diese Weise gewonnenen Tatsachen sollen die Grundlage für vergleichende Berechnungen bilden, über die bei der nächsten Tagung Bericht erstattet werden wird.

Zum Schlusse bemerkte der Vorsitzende, daß es eine wesentliche mit der Frage des Preises der Publikationen eng verknüpfte Frage für die Publikationsinstitute sei, ob und wie sie etwa neue Interessenten für ihre Veröffentlichungen gewinnen können, denn es lägen ja bei den Gesellschaften so viele tote Bände und Hefte, die schließlich doch unter die Leute gebracht werden müßten, damit sie ihren Zweck erfüllen. Dies sei ein Gegenstand, der sich ebenso wie die Frage der Honorierung und der Honorarbemessung sehr wohl zur Beratung auf einer künftigen Konferenz eigne.

Die zweite Sitzung am 2. September nachmittags 3 Uhr begann mit der Beratung über die **Anlage von Urkundenbüchern und die Behandlung des in ihnen zu veröffentlichenden Materials**.

Der erste Berichterstatter Prof. v. Ottenthal (Wien) behandelte vor allem den zweiten Teil des Themas, betonte die Notwendigkeit, schon behufs Lösung aller kritischen Aufgaben auch die Diplomatik und das Kanzleiwesen gebührend zu berücksichtigen, namentlich den äußeren Merkmalen der Urkunden vollste und sachkundige Aufmerksamkeit zuzuwenden. Wie weit da zu gehen sei, werde sich allerdings nach der Lage des Einzelfalles richten müssen; kommen größere einheitliche Gruppen zur Veröffentlichung, so werde eine Spezialdiplomatik derselben oft am leichtesten und besten vom Herausgeber geliefert werden. Er wies dabei auf die große Rückständigkeit der Lehre von der Fürstenurkunde gegenüber der

Kaiser- und Papstdiplomatik hin und formulierte nachstehende Forderungen, welche bei künftig zu bearbeitenden Urkundenbüchern möglichst erfüllt werden sollen: 1. Der Bearbeiter muß hilfswissenschaftlich tüchtig geschult sein. 2. Der Bearbeiter soll zugleich die Spezialdiplomatik der Urkundengruppen, die er herausgibt, mit behandeln. 3. Wenn es sich um verschiedene Gruppen handelt, so soll wenigstens die Hauptgruppe speziell diplomatisch untersucht werden. 4. Bei jedem Original ist unbedingt auf alles zu achten, was nach dem heutigen Wissen für die Kritik wichtig erscheint (Schriftbeweis, Beglaubigungsformel, Expeditionsnotizen, Registraturvermerk, Indossat des Empfängers). 5. Die Untersuchung der Originale, die schon tadellos herausgegeben sind, braucht nicht wiederholt zu werden.

Der zweite Berichterstatter Archivdirektor Dr. Ilgen (Düsseldorf) wies auf die Schwierigkeiten hin, welche der Bearbeitung von Urkundenbüchern für das 14. und 15. Jahrhundert entgegentreten. Sie sind in erster Linie in der Überfülle des zu bewältigenden Stoffes begründet. Nur wenige der in den letzten 50 Jahren neu in Angriff genommenen Werke dieser Art sind schon bis zu den genannten Jahrhunderten fortgeführt. Es sind meistens Urkundenbücher kleinerer Territorien und Dynastien, Mecklenburgs, des Hauses Fürstenberg u. a., bei denen dies Ziel bereits erreicht ist. Vor allem liegen uns aus dem urkundenreichen Westen und Nordwesten Deutschlands derartige Proben noch nicht vor. Es scheint daher wünschenswert, für einen kleinen Ausschnitt aus diesem Gebiet einmal eine Aufrechnung des Materials vorzunehmen.

Der Sprengel des Staatsarchivs Düsseldorf, der etwa die Gegend von Bonn rheinabwärts bis Emmerich und von Aachen im Südwesten bis zur nordöstlichen Grenzlinie bei Essen umfaßt, begreift in sich an älteren Territorien: den Hauptteil des Erzstiftes Köln, die Herzogtümer Jülich, Berg und Cleve, die Grafschaften Geldern und Moers, zu denen dann noch die Gebiete der geistlichen Stiftungen Essen, Werden, Stablo-Malmedy usw. hinzutreten. In diesem Umkreis beläuft sich der Urkundenvorrat für das XIV. und XV. Jahrhundert auf 45—50000 und, nehmen wir die Städte Aachen und Köln mit ihren zahllosen klösterlichen Anlagen hinzu, auf mehr als 75000 Nummern. Behalten wir für diese Massen das bisherige Publikationsverfahren bei, so werden, einen starken Band zu 800 Nummern gerechnet, 90 bis 100 Bände erforderlich sein, um dies Material zu bewältigen. Als geringste Herstellungszeit für den einzelnen Band wird man mindestens zwei Jahre in Anschlag bringen müssen. Es ergibt sich danach ohne weiteres, welche Fülle von Arbeitskraft bei dieser Veröffentlichungsmethode zu leisten ist. Wollen wir daher in absehbarer Zeit zu einigen Resultaten auf dem Gebiet der Urkundenpublikationen hier im

Westen gelangen, so müssen wir zum Regest greifen und nur die wichtigsten Urkunden im Wortlaut zum Abdruck bringen.

Für die Anordnung von Urkundenbüchern werden zurzeit aus den verschiedenen Lagern zwei in direkten Gegensatz gestellte Systeme empfohlen, das institutionelle und das regionale. Die prinzipielle Zuspitzung dieser Frage scheint Referenten nicht besonders glücklich; ein regionales Urkundenbuch vermag zugleich auch ein institutionelles zu sein. Darüber kann ja gar kein Zweifel obwalten, daß es sich empfiehlt, Urkundenbücher von bedeutenderen geistlichen Stiftungen, von größeren Städten für sich gesondert zu bearbeiten und herauszugeben. Aber, wenn die Notwendigkeit der Einschränkung bei der Veröffentlichung des Materials der späteren Jahrhunderte zugegeben wird, dann darf man schon aus rein praktischen Rücksichten nicht das Gruppierungssystem als das allein zulässige hinstellen, das die niedrigste Einheit, eine geistliche oder weltliche Gemeinschaft, ein Geschlecht, als Grundlage für die Einteilung wählt, weil dadurch unbewußt der Maßstab für die Bewertung der einzelnen Urkunde, ob sie überhaupt der Veröffentlichung bedarf, ob sie im Wortlaut oder Regest abzudrucken ist, in erheblichem Maße herabgesetzt wird. Die zahllosen Schenkungsbriefe, die Memorienstiftungsurkunden, die Renten- und Kaufbriefe und andere ähnliche Stücke der Kloster- und Stadtarchive können doch nur als geschichtliche Quellen von untergeordneter Bedeutung angesehen werden. Und wo sollen wir mit den Archiven der Territorien und deren Urkundenbestand, der uns von der Mitte des 12. Jahrhunderts ab meist in ziemlicher Vollständigkeit erhalten ist, hin, wenn der regionale Gesichtspunkt ganz ausgeschaltet wird? Hat man sich auch klar gemacht, in welcher Weise durch die Befürwortung der Herausgabe ausschließlich institutioneller Urkundenbücher die archivalische Arbeit dafür zersplittert wird?

In der Debatte hob zunächst Prof. v. Below gegenüber den letzten Vorschlägen hervor, daß die Verwendung von Regesten doch höchstens als Provisorium betrachtet werden könne. Für sehr viele Untersuchungen sei die Kenntnis des genauen Wortlautes des Urkundentextes, namentlich hinsichtlich ihres Rechtsinhaltes unerläßlich. Wenn aber eine volle Veröffentlichung der Urkunden doch als notwendig erkannt sei und später kommen müsse, dann frage es sich, ob nicht lieber von vornherein der Gebrauch des Regests wesentlich eingeschränkt werden solle. Hinsichtlich der Unmöglichkeit, institutionelle Urkundenbücher zu schaffen, pflichtete Redner dem zweiten Berichterstatter bei.

Oberlehrer Reischel (Hannover) bemerkte gegenüber den Forderungen, die v. Ottenthal für die Bearbeitung von Urkundenbüchern aufgestellt habe, diese seien für viele Publikationsinstitute nicht zu erfüllen, da es an derartig vorgebildeten Bearbeitern fehle.

Käme man zu der Überzeugung, daß nur Arbeiten, wie sie charakterisiert worden seien, als wissenschaftlich brauchbar zu betrachten seien, dann würden viele Institute überhaupt auf die Bearbeitung von Urkundenbüchern verzichten müssen. Dies wäre aber jedenfalls im Hinblick auf die dadurch verlangsamte Edition des Quellenstoffs gewiß bedauerlich. Daß aber die Historische Kommission für Sachsen-Anhalt im Sinne der von v. Ottenthal heute aufgestellten Forderungen arbeitet, davon zeugt der erste Band des von Kehr bearbeiteten Urkundenbuchs des Hochstiftes Merseburg, dessen Vorzüglichkeit soeben hervorgehoben wurde.

Privatdozent Lechner (Wien) betonte demgegenüber, daß die Forderungen v. Ottenthals einerseits nur das anzustrebende Höchstmaß bezeichneten, daß aber andrerseits die Erfüllung seiner Forderungen zugleich eine Arbeitsersparnis bedeute, insofern neben der Quellenedition zugleich diplomatische Spezialarbeiten geschaffen würden, wie solche zum Ausbau der Diplomatik unbedingt notwendig seien. Wer Urkunden ediere, müsse sich ohnehin mit den vielen Fragen des Kanzleiwesens und der Diplomatik befassen; für ihn handle es sich nur darum, systematisch ans Werk zu gehen. Der Herausgeber sei am besten in der Lage, den Urkundenschatz, der für ihn in Frage komme, auch diplomatisch erschöpfend zu bearbeiten. Der Gewinn für die Edition selbst werde nicht ausbleiben. Schließlich sei es aber auf alle Fälle wünschenswert und auch im besonderen Interesse der Diplomatik gelegen, wenn möglichst viele Abbildungen beigegeben würden.

Prof. Schulte (Bonn) legte den Gedanken nahe, ob die Konferenz nicht hinsichtlich der bei der äußeren Beschreibung der Urkunden üblichen Kunstausdrücke die Anwendung eines einheitlichen Verfahrens anempfehlen könne. Kanzlei- und Archivvermerk würden vielfach verwechselt, bezw. es sei oft nicht zu erkennen, ob der eine oder der andere gemeint sei. Aber darüber hinaus sei es zweckmäßig, z. B. Zusammenstellungen der auf den Papsturkunden vorkommenden Kanzleivermerke zu geben, welche der Editor im Einzelfalle ohne diese Hilfsmittel nicht erklären könne.

Prof. Rietschel (Tübingen) glaubte sich mit dem Vorschlage, bei der Urkundenedition das Regest reichlich zu verwenden, aus den von Prof. v. Below bereits angeführten Gründen nicht einverstanden erklären zu können, jedenfalls nicht bei der hinsichtlich der Regestenherstellung jetzt üblichen Regellosigkeit. Wolle man das Regest in größerem Umfange verwenden, um sich den vollständigen Abdruck der Urkunden zu ersparen, dann müsse zuerst eine eigene Regestentechnik, die auf die verschiedensten praktischen Bedürfnisse Rücksicht nimmt, entwickelt werden. Es sei vielleicht die Frage aufzuwerfen, ob nicht in manchen Fällen die Herstellung lateinischer Regesten, wie es in älterer Zeit üblich war, zu empfehlen sei.

Nachdem Prof. v. Ottenthal kurz zu einigen in der Debatte angeregten Punkten seine Meinung geäußert hatte, wurde die Erörterung dieses Punktes geschlossen.

Hierauf erstattete Privatdozent Anton Mell (Graz) in Vertretung Eduard Richters, dessen Anwesenheit bis zuletzt fraglich gewesen war, Bericht über die jüngsten Fortschritte des Historischen Atlasses der österreichischen Alpenländer[1]. Bereits die Hälfte der 38 Landgerichtskarten ist im Manuskript fertig und von den 812 altösterreichischen (1784) Landgerichtskarten sind 588 bearbeitet; vollständig erledigt ist Oberösterreich mit 102, Steiermark mit 124, Kärnten mit 63 und Görz-Gradiska mit 80 Landgerichten. Die Sticharbeiten im militärgeographischen Institut in Wien sind ebenfalls schon weit gefördert, und auf den Blättern, welche die Landgerichte darstellen, werden sogleich die durch die Forschungen rekonstruierten Grenzen der alten Gaue und Grafschaften mit eingetragen. Von den den Kartenblättern beizugebenden „Erläuterungen" hat schon 1903 Eduard Richter die von A. Mell und Prof. Pirchegger (Pettau) bearbeiteten für Steiermark der Konferenz vorgelegt; die für Oberösterreich hat Julius Strnadt der Atlaskommission 1904 im Manuskript eingereicht. Es wird darin das Anwachsen des Landes bis 1850 (die kartographische Darstellung reicht nur bis 1781) dargestellt; die Quellen werden kritisch beschrieben, und schließlich wird die Geschichte der einzelnen Gerichte vorgeführt. Die Erläuterungen für Vorarlberg hat Zösmaier auch bereits fertiggestellt. Einige der Landgerichtsbeschreibungen aus verschiedenen Zeitaltern, die für die Grenzlinien als Quelle dienen, sollen durch Publikationsinstitute der einzelnen Länder veröffentlicht werden. Untersuchungen, die den Rahmen dessen überschreiten, was in den „Erläuterungen" enthalten sein soll, werden zu einer Sammlung „Abhandlungen zum Historischen Atlas der österreichischen Alpenländer" vereinigt, deren einzelne Beiträge im „Archiv für österreichische Geschichte" erscheinen. Es liegen von solchen Arbeiten bereits vier vor, von Eduard Richter: „Die älteste Kartographie Salzburgs" und „Die Salzburgischen Steuergemeinden", von Martin Wutte: „Konskriptionsgemeinde und Steuergemeinde und deren Verhältnis zur alten Gerichtseinteilung des Landes Kärnten", von S. Puchleitner: „Die Bestallungsbücher der salzburgischen Pfleger und Landrichter im 16. und 17. Jahrhundert". Fünf

---

[1] Seine Ausführungen sind vollständig im Druck erschienen in den „Deutschen Geschichtsblättern", 6. Bd., S. 54—64.

andere solche Arbeiten sind bereits ganz oder nahezu abgeschlossen. Eingeleitet werden die „Abhandlungen" durch eine Untersuchung von Anton Mell über Entstehung, Ausbildung und Aufhören der hohen und niederen Gerichtsbarkeiten auf dem Boden der alt= österreichischen Alpenländer, die von der Zeit der Grafschaftsgebiete anfangend bis 1848 geführt werden wird.

Hinsichtlich der historisch=geographischen Studien in anderen Landschaften teilte Prof. Hansen (Köln) mit, daß die Kirchen= karte der Rheinprovinz von 1610 vollendet sei und in einem Exemplar aufliege.

Oberlehrer Reischel (Hannover) charakterisierte kurz die seitens der Historischen Kommission für die Provinz Sachsen und Anhalt unternommenen Arbeiten, für die bis jetzt im ganzen 34 000 Mark aufgewendet worden sind.

Die dritte Sitzung fand am 3. September mittags 12½ Uhr statt, und zwar wurde unter Voraussetzung der Kenntnis dessen, was in der dritten Sitzung der Historikerversammlung am Tage vorher über Herausgabe von Quellen zur Agrargeschichte des Mittelalters[1] ausgeführt worden war, über **Maßnahmen zur Erschließung agrargeschichtlicher Quellen** beraten. Prof. Dopsch legte kurz die Notwendigkeit dar, neue Quellen zur Agrargeschichte zugänglich zu machen und forderte als Vorbereitung dazu, die einzelnen **Publikationsinstitute möchten für ihre Gebiete eine systematische Verzeichnung agrargeschichtlicher Quellen in die Wege leiten.** R. Kötzschke stimmte dieser Fassung der Forderung zu, und nach= dem Prof. Hansen vor etwaiger Einsetzung einer Kommission gewarnt und betont hatte, daß alles darauf ankomme, die ge= eignete Person für eine solche Arbeit zu finden, wurde der An= trag in dieser allgemeinen Form, die eine sehr verschiedene Aus= führung zuläßt, angenommen.

Als letzter Punkt der Tagesordnung war noch über die Herausgabe von Münz= und Siegelwerken zu beraten. Doch mußte diese Besprechung auf die Münzwerke beschränkt werden, da der Referent, der sich über Siegelwerke äußern wollte, Archivrat Krieger (Karlsruhe) nicht mehr anwesend war.

Wie Prof. Hansen einleitend mitteilte, wird im Rheinlande je ein Münzwerk für die Städte Köln, Aachen und Trier geplant, und Menadier hat für alle drei den numismatischen Teil über= nommen. Abweichend von der bisherigen Praxis soll aber hier

---

[1] Vgl. darüber oben S. 19—33.

auch eine Geldgeschichte wirtschaftsgeschichtlichen Charakters mit den Münzwerken verbunden werden, deren Bearbeitung für Köln Dr. Kuske übernommen hat. Menadier hatte ein Referat über Münzwerke im allgemeinen angekündigt, war aber durch seine vorzeitige Abreise verhindert, es zu erstatten.

Über die wirtschaftsgeschichtlichen Anforderungen, die an Veröffentlichungen über Münzen zu stellen sind, im besonderen äußerte sich Prof. Luschin v. Ebengreuth (Graz).

Bei Münzstudien ist für den Wirtschaftshistoriker — so führte er aus — das wesentlichste, den **Tauschwert** einer Münze festzustellen oder, allgemeiner gesprochen, die **Kaufkraft** des Geldes[1]. Letztere steht in einem gegebenen Zeitpunkte an einem gegebenen Orte objektiv fest, wenn sie auch subjektiv verschieden ist; aber auch objektiv kann sie an demselben Orte zu verschiedenen Zeiten und gleichzeitig an verschiedenen Orten verschieden sein. Sie äußert sich in den Geldpreisen der Waren, jedoch kann die Veränderung der Preise ihre Ursache ebensogut in der Ware wie in der Münze haben. Von einer fortgesetzten Minderung der Kaufkraft des Geldes seit dem Mittelalter kann nicht die Rede sein. Die Feststellung, welche Kaufkraft der **Nennwert** einer Münze, ihr **Kurswert** oder auch ihr **Metallwert** hatte, jede für sich allein ermittelt, genügt nicht; nur die Vereinigung aller drei Elemente kann für eine gründliche Untersuchung als Unterlage dienen. Das schwierigste bei einer solchen ist die Gewinnung eines geeigneten Maßstabes, an dem sich die Veränderungen des Tauschwertes messen lassen. Der gemeine Tagelohn, Getreidepreise und ähnliches, genügt nicht, sondern es ist eine möglichst breite und gesicherte Grundlage nötig, denn auch heute ist ja die Kaufkraft des Geldes nur das **mittlere Ergebnis vieler Preise**. Deshalb ist die systematische Bearbeitung fortlaufender Rechnungen notwendig. Für eine solche müssen wir aber als unmittelbare Vorbedingung das **Feingewicht der Münze und den Inhalt der Maße und Gewichte** kennen. Diese müssen zugleich wesentlich genauer als bisher erforscht werden. Unter Berücksichtigung dieser Dinge ergeben sich folgende Leitsätze: 1. Der Quellenstoff ist so vollständig wie möglich zu beschaffen. 2. Eine Teilung der Arbeit ist nötig und zu diesem Behufe die Bildung eines Quellenarchivs, das alle Angaben in Abschriften sammelt. 3. Es hat eine Umrechnung der einzelnen Preise in Gramm Feinsilber oder Gold und der Warenmengen in metrische Hohlmaße und Gewichte stattzufinden unter Berücksichtigung der Wertverschiebung bei den Edelmetallen. 4. Sind die Quellen in dieser Form für die Preisgeschichte verwertbar geworden, so

---

[1] Vgl. dazu in des Redners „Allgemeine Münzkunde und Geldgeschichte" (München 1904), S. 183 ff.

sind Tabellen anzulegen, die je nach Art des besonderen Zweckes besonders zu gestalten sind. Münz- und Maßtabellen, Tabellen, die die Wertveränderung der Edelmetalle von Jahr zu Jahr anzeigen, und schließlich Preistabellen müssen sich gegenseitig ergänzen. Nur systematische vereinte Arbeit kann dabei zu Ergebnissen führen.

In der Debatte betonte Dr. Kuske (Köln) besonders, wie kompliziert die Frage nach der Entwicklung des Preises für irgend ein Produkt sei, da das vom Vortragenden berührte Element der Preisveränderung, die durch eine Veränderung im Werte des Produktes verursacht sei, zugleich die schwierigen Untersuchungen über Zufuhr der Mengen, verminderte Nachfrage oder größeres Angebot verlange. Ferner komme in Betracht, daß der Geldmarkt von der Produktion an Edelmetall abhängig sei, und deswegen müsse die Untersuchung grundsätzlich auch auf die Geschichte des Geldwechsels usw., kurz alle diejenigen Materialien ausgedehnt werden, die so zahlreiche Einzelangaben enthalten, daß die Zufälligkeiten, die bei der Preisangabe des einzelnen Falles mitspielen, sich gegenseitig ausgleichen. Abhängig bleibe aber jede solche Untersuchung in hohem Grade von dem zur Verfügung stehenden Quellenmateriale.

Prof. Quidde (München) wünschte im Anschluß an seine bei der Bearbeitung der Reichstagsakten gemachten Erfahrungen, daß die Münzen immer mit den Münzverträgen zusammengebracht würden, denn beide erläuterten sich gegenseitig, auch sei durchaus nicht immer in Wirklichkeit so geprägt worden, wie sich der Münzherr in den Verträgen verpflichtet habe. Wenn man auch die Gleichsetzung von bestimmten Waren und Metall Jahr für Jahr habe, so sei damit die allgemeine Kaufkraft des Geldes doch noch nicht festgestellt. Und dies sei die Schwierigkeit, ja genau genommen sei es unmöglich. Man müsse sich vielleicht damit begnügen, den Wert des Geldes für bestimmte Zwecke oder bestimmte Lebenskreise festzustellen. Es müßten bestimmte Vergleiche herangezogen werden, um gewisse Anschauungen zu erwecken, wie z. B. die Summe, die jeweils ein Römerzug einen Monat lang erforderte. Dies seien im großen verwendbare Objekte für den Vergleich, weil hierin bereits ein Ausgleich für den Wechsel des Preises der verschiedenen Bedürfnisse stattgefunden habe. Der Preisangabe für irgendwelche beliebigen einzelnen Artikel komme im Vergleich dazu doch nur eine relative Bedeutung zu.

Privatdozent Rötzschke verlas ein ihm von Dr. Buchenau (Weimar), dem Bearbeiter eines hessischen Münzwerks, für die Konferenz mitgeteiltes Schreiben, in dem besonders über die antiquarische und kunstgeschichtliche Seite der Münzedition Bemerkungen gemacht waren.

Privatdozent Beckmann (München) übermittelte der Versammlung noch die Grüße Menadiers, der leider unvorhergesehen hätte abreisen müssen, und sprach in seinem Namen den Wunsch aus, daß diejenigen Institute, die zur Herausgabe von Münzwerken schreiten würden, nach einem einheitlichen Plane vorgehen möchten.

Prof. Luschin v. Ebengreuth bemerkte zum Schluß, seine Absicht sei gewesen zu zeigen, wie das Rohmaterial für Untersuchungen beschafft werden könne und müsse, und er freue sich, bei allen Rednern grundsätzlich Zustimmung gefunden zu haben.

Prof. Hansen hob darauf hervor, daß es jedenfalls verfrüht sei, wenn man jetzt einen bestimmten Plan über die Anlage von Münzwerken aufstellen wolle, denn es sei noch manches zweifelhaft. Besser als ein Plan sei die Schaffung einer solchen Publikation, die dann, wenn sie gut sei, andern als Vorbild dienen würde. Sei sie schlecht, dann würde sie als abschreckendes Beispiel wirken und somit immer noch Gutes schaffen.

Mit dem Hinweise des Vorsitzenden auf die große Zahl praktischer Fragen, die bei der gegenwärtigen Tagung zur Erörterung gekommen seien, und mit dem Wunsche, es möchte der hervorragende Nutzen dieser Verhandlungen in immer weiteren Kreisen anerkannt werden, durch fleißige Teilnahme an ihnen ihre Wirksamkeit immer größere Bedeutung erlangen, wurde die Konferenz geschlossen.

Anhang III.

Die Ausstellung in der Benediktinerabtei St. Peter.

Der Abt von St. Peter, P. Willibald Hauthaler, durch dessen Bemühungen diese Ausstellung zustande gebracht worden ist und nur möglich war, stellte folgenden Bericht darüber zur Verfügung.

Die Ausstellung war in drei Räumen untergebracht, im Abteisaale, im Gartenzimmer und im Empfangszimmer.

Im Abteisaale lagen eine Anzahl alter Codices vom 8. bis zum 15. Jahrhundert auf Tischen ausgebreitet, welche zum Teil durch ihren reichen Bilderschmuck, zum Teil durch den geschichtlichen Inhalt sich auszeichnen. Die Handschriften gehören zumeist dem Stiftsschatze selbst an. Es waren da zu sehen: Hieronymus super Mathaeum, bers. in proverbia (mit der Unterschrift Episc Arno constituit librum istum in suis temporibus — also wohl vor 798 [cf. Sickel, Mon. graph.]), Gregorius in Ezechielem (s. VIII/IX), dann eine Reihe Handschriften des 11. Jahrhunderts, wie Liber euangeliorum mit einem feingeschnittenen Elfenbeindeckel, Quatuor euangelia mit den Bildnissen der vier Evangelisten (s. XI), Cresconii collectio canonum (beschrieben von Phillips in S. B. Wien 44, 437—510), Glossa iu epp. s. Pauli, Breviarium mit kleinen Miniaturen, weiter je ein Band der großen dreibändigen lateinischen Bibeln mit ein paar prachtvollen Initialen. Den Mittel- und Glanzpunkt der Miniaturenausstellung bildeten die vorzüglich ausgestatteten und gut erhaltenen Miniatur-Handschriften, nämlich die Evangelien-Perikopen des Meisters Perchtold (vergl. Schwarzenski, Regensburger Buchmalerei, S. 156—167 mit Taf. XXVIII—XXXII), das sogen. große Antiphonale (beschrieben von K. Lind in Mitteilungen der k. k. Zentralkommission, XIV, 167—189, mit 26 Tafeln) und das Graduale (Missale s. XII). Als eine besondere Merkwürdigkeit ist die kleine Psalmen-Handschrift, das Psalterium s. Rudberti aus dem 11.—12. Jahrhundert zu betrachten, deren Folia nur

34×38 cm groß sind und die Psalmen 1 bis 105 Vers 23 enthalten. Sie war wohl ein Weihegeschenk auf das Grab bezw. den Altar des hl. Rupert. Ganz eigentümliche Initialen weist die Handschrift Augustinus De civitate Dei aus dem 12. Jahrhundert auf. Die Art der Illumination möchte man Sezession des 12. Jahrhunderts nennen. Aus dem 13., 14. und 15. Jahrhundert waren ausgestellt ein paar kleine Gebetbücher (Orationale, Diurnale), eine Handschrift des Pantheon des Gottfried von Viterbo. Besonders schön ist das Decretum Gratiani mit doppelter Glosse (Joannis Andreae novella) aus der Bologneser Schule. Ähnlichen Charakter hat auch das Speculum Guilielmi Durantis (von 1305). Ganz fremd erscheinen die Handschriften Virgilii opera und Chrysostomus, welche der Schule von Florenz des 15. Jahrhunderts angehören und von welchen der erstere Band durch den Pfarrer Jakob Mayrler von Bergheim († 16. Februar 1798) an die Stiftsbibliothek gekommen ist. Hochinteressant sind auch die drei Handschriften der Biblia pauperum des 14. und 15. Jahrhundert, wie auch das Missale monasticum mit der Profeßformel von 1432 und dem Kanonbild (Kreuzigungsgruppe), das Heinrich Reiß seiner „gotischen" Missalausgabe (Wien 1861) einverleibt hat. Den Schluß dieser Serie bildete Rabanus de laude crucis, eine polychromische Handschrift von 1481.

Die Handschriften der geschichtlichen Abteilung begannen mit dem unschätzbaren Verbrüderungsbuch („Liber vitae") oder Msc. M von St. Peter, das in der ersten Anlage bis 783/84 zurückreicht und dessen zweite Anlage nach 987 erfolgte. Vergl. die Ausgaben Theodors von Karajan und jene Sigismund Herzberg-Fränkels. Der zweite Teil des Kodex enthält die Vergabungen (Traditionen) an das Kloster St. Peter von 987 bis zum Ende des 13. Jahrhunderts, wozu die stiftischen Handschriften N und O nur noch wenige Ergänzungen liefern. An diese schließen an die erzbischöflichen Traditionsbücher des 10. und 11. Jahrhunderts (Erzbischöfe Odalbert, Friedrich, Hartwig, Tietmar und Balduin, 923—1066), wie jene des regulierten Domkapitels von 1122 bis über die Mitte des 12. Jahrhunderts. Letztere sind enthalten in dem Cod. Vindob. 1090 der Wiener Hofbibliothek und in dem Liber delegationum des k. k. Haus-, Hof- und Staatsarchives, wo jetzt auch die erzbischöflichen sich befinden. Diese sämtlichen Traditionscharten vereinigt jetzt der leider noch nicht abgeschlossene erste Band des Salzburger Urkundenbuches (5 Hefte) von Willibald Hauthaler.

Außerdem waren ausgestellt die stiftische Handschrift der Notitia (Indiculus, Congestum) Arnonis in Urkunden- oder Plakatformat, dann die Handschrift H (s. XIII) mit den Breves Notitiae und den alten Vitae archiepiscorum des 11. und 12.

Jahrhunderts, weiter Manuskript K, nämlich die Annalenhandschrift von St. Peter, der Codex s. Petri mit den fünf domkapitlischen Nekrologien des 12.—13. Jahrhunderts (vergl. Herzberg-Fränkel), dann der erste Band der Salzburger Kammerbücher (s. XIII aus dem Staatsarchive in Wien), das domkapitlische Kopialbuch (Nr. 340 Wien), nebst dem Kopialbuch P des Kustos Hermann von St. Peter (s. XIII/XIV) und das Stift St. Peterſche Haupturbar von 1434. Diese Reihe ſchloſſen das Regiſterbuch der Erzbiſchöfe Ortolph und Piligrim II. (ſiehe Hauthaler: Ein Salzburgiſches Regiſterbuch des 14. Jahrhunderts in Xenia Austriaca, 1893, Wien und Programm des f. e. Gymn. Coll. Borromäum in Salzburg, 52 S.) und jenes des Erzbiſchofs Eberhard III. von Salzburg (1403—1427) aus dem Archive der k. k. Landesregierung in Salzburg.

Die Ausstellung von Urkunden konnte ſich auch nur auf einzelne Specimina beſchränken. Sie begann mit dem Rotulus der älteſten Palliumsurkunden aus dem Staatsarchive in Wien (798—859), dann aus den teils wirklichen, teils angeblichen Orginalurkunden von Erzbiſchöfen des 10. und 11. Jahrhunderts aus dem Archivbeſtand des Gurkſchen Domkapitels im Rudolfinum zu Klagenfurt, ausgeſtellt durch den Landesarchivar und den Bearbeiter der Monumenta Carinthiaca, Auguſt Jakſch, R. von Wartenhorſt.

Aus dem Stiftsarchive waren ausgeſtellt: Original-Diplom Kaiſer Heinrichs II. über praedium Adamunta von 1006, ſowie das kleine Diplom Kaiſer Otto IV. von 1209 (vergl. Sickel, Mon. graph.), dann die großen Besitzbeſtätigungen des Erzbiſchofs Konrad I. von 1141 und jene des Papstes Eugen III. von 1145, wie auch jene des Papstes Innocentius III. von 1206: weiter das Paar Chirographa (Juxtaurkunden oder Charta bipartita) des Stiftes St. Peter und des Domkapitels (jetzt im Wien) vom 21. Jänner 1131, bis erſt nach dem Tode des Erzbiſchofs Konrad I. ausgefertigt und in der Mitte entzweigeſchnitten wurden. Ferner Original-Schenkungsurkunden des Markgrafen Leopold III. des Heiligen und des Herzogs Heinrich Jaſomirgott über Dornbach (h. Wien XVII. Bez.), des Erzbiſchofs Eberhard I. über ein Gut in Pinzgau (1160) und über die Schenkung Gottfrieds und Adelas von Wieting (1147), Eberhards II. über den Streit mit dem Pfarrer von Klein St. Paul bei Wieting (1211); deſſelben Urkunden über das Waldgebiet Goſau (1231) und über Mülborf (1239), wie über die Schenkungen des Salzburger Kaſtellans Meingoz von 1294 und und diejenige des Erzbiſchofs Adalbert über Feiſtlau bei Lofer und Gut Feuchten bei Kuchel (1190), Urkunde des Herzogs Ludwig von Bayern über das Gut Haag von 1196. Weiter verſchiedene Stücke des erw. Erzbiſchofs Philipp, Herzogs von Kärnten (1247 bis 1256) und ſeines Freundes, des Abtes Richer von St. Peter (1242 bis

1259), von dem die ältesten Abtsurkunden stammen. Eine Urkunde des Abtes Simon II. von 1268, womit er Einkünfte zu Maria Moos am Kirchberg in Kärnten zur Beschaffung von Pelzmänteln für die Chormönche bestimmte, dann eine Jahrtagsstiftung des Pfarrers Ekkard in Abtenau 1320, eine Erbschaftsverleihung des Abtes Johann III. Rozenhauser an einen Andreas Hübner 1427; zwei Stücke vom Erzbischof Friedrich II., nämlich das Recht der „Chuffer" in Hallein 1297 und jenes der Salzausfergen in Laufen vom 31. Jänner 1278 (dieses aus dem Archiv der k. k. Landes= regierung); Urkunde des Erzbischofs Rudolf über das Schildlehen im Ennstal c. 1288, das Original lateinisch, hingegen im Kopial= buch P deutsch. Eine Quittung Burkards von Eberbach gegen Erz= bischof Konrad IV. vom 12. August 1305, das älteste deutsche Original im Archive der k. k. Landesregierung. Ferner je ein Stück von den Erzbischöfen Konrad IV. (1301), Ortolf (1356), Pilgrim II. (1366) und Friedrich IV. (1447), die sämtlich sich durch die schönen und interessanten Siegel auszeichnen. Den Schluß dieser Abteilung bildeten die ältesten Wahlprotokolle und Bestätigungen der Stifts= äbte Petrus Klueghammer (1463), Rupert Keutzl (1466), Virgil Pichler (1495), Johann v. Staupitz (1522). Vom Erzbischof Leon= hard Keutschach war ausgestellt der Revers über die Einlösung goldener Schalen mit 600 Dukaten (1495). Aus dem Archive der k. k. Landesregierung waren noch zu sehen die Originalurkunde des Bischofs Chuno von Regensburg für Mondsee (ca. 1127 bis 1130), ein Kommissorium des Papstes Cölestin III. betr. den Streit zwischen dem Salzburger Domkapitel und der Propstei Berchtes= gaden vom 2. Juni 1195 und ein Stück des Abtes Rupert IV. von St. Peter über Teilung von Leibeigenen vom 26. Oktober 1302.

Im Gartenzimmer der Abtei fand sich eine Zusammen= stellung kirchlicher Metallwaren und Stoffmuster. Da standen die alten Pontifikalstäbe, das Pedum s. Rudberti, ein Krückenpastorale der ältesten Zeit, dessen Schaft später (13. Jahrhundert) leider in Form eines Spazierstockes ergänzt wurde. Ferner ein Emailpastorale des 11.—12. Jahrhunderts mit der Bursa und Fetzen des Orariums, das gotische Pastorale von 1487 und zwei silberne Renaissance= schnecken mit Stäben von Narwalhorn des 17. Jahrhunderts. Der Meister des gotischen Pastorals fertigte auch den wunderbaren silberen Hausaltar von 1494 mit Perlmutterschnitzereien auf Gold= grund und höchst schwungvollen Figuralgravierungen an den Ober= flächen des Fußes und den Rückwänden des Altaraufbaues. Ein kleiner silberner Meßkelch mit Patene („Roaskelch des hl. Rupert") und ein silberner Speisekelch des 13. Jahrhunderts von getriebener Arbeit mit Patene und Fistula. Verschiedene Reliquiarien teils in Holz oder Bein geschnitten, teils aus Silber. Eine große Schüssel von getriebenem Kupfer und vergoldet nebst einem großen

Henkelgefäß für die Fußwaschung; daneben silberne Lavabogeschirre und Meßkännchen von getriebener Arbeit. Von Stickereien und Kirchenparamenten ragten insbesondere die Mitren oder Infuln hervor, so besonders die drei ältesten aus dem 13. Jahrhundert, dann eine gotische aus dem Ende des 15. Jahrhunderts mit sehr reichem und schwerem Steinbesatz, weiter solche aus dem 16. Jahrhundert mit künstlerischen Metallagraffen und Perlenschmuck. An Meßgewändern sind zu nennen die zwei Glockenkaseln, die grüne aus dem 11.—12. Jahrhundert mit einer reichen Stabbordüre normannisch-sarazenischen Charakters und die schwarze mit der Widmungsinschrift: Hanc vestem claram Petri patrauit ad aram Heinrich peccator eius ut sit auxiliator und den reichlichen Stab- und Bandverzierungen über die Schultern. Ferner ein erhaben reich gesticktes schweres Kaselkreuz des 15. Jahrhunderts und das sogen. Hemma-Meßkleid, deren gesticktes Mittelstück in Nonnberg restauriert und auf einen alten gestickten Stoff aufgetragen wurde. Daneben fanden sich noch verschiedene reichgestickte Kelch-, Schulter-, Knie-Vela aus dem 17. und 13. Jahrhundert, sowie mannigfaltige Spitzen- und Klöppelmuster.

Auch eine alte Kopie der Stadtansicht von 1553 mit der alten Beschreibung der Hauptgebäude (von 1600 ungefähr) war ausgestellt, wie auch die bildlichen Darstellungen des feierlichen Einzuges (Eintrittes) eines Erzbischofs in Salzburg (etwa Mitte des 16. Jahrhunderts), die dem einstigen Originalfresko im Freisaalschlosse, von wo aus immer der Eintritt erfolgte, entnommen wurden.

Im Empfangszimmer der Abtei befindet sich jetzt eine Sammlung von altdeutschen Malereien auf Holz vereinigt, wo eine kleine Verkündigungsgruppe nachbyzantinische Motive zeigt und dem 13. Jahrhundert angehören dürfte. Daselbst findet sich auch die große Muttergottestafel mit Katharina und Margaretha, welche Michael Pacher zugeschrieben wird. Zwei große eingelegte eichene Kästen von 1600 und 1640 bergen jetzt wertvolles Tafelgeschirr, der eine Tonwaren, nämlich alte Riedenburger (Salzburger) Majoliken und Alt-Wiener Geschirre, nebst einzelnen Stücken von Dresden (Meißen), Nymphenburg, Bonn usw., der andere hauptsächlich alte Zinngeschirre und einzelne Stücke von getriebenen Silberarbeiten. Ein dritter Kasten beherbergt die offiziellen Publikationen der französisch-bourbonischen Restaurationszeit über Napoleons ägyptische Expedition (1798). Einen Prachtschmuck des Zimmers bildet jetzt (seit 1901) auch der alte Ofen von 1687.

Anhang IV.

Verzeichnis der Teilnehmer an der achten Versammlung deutscher Historiker.

Nr.	Name	Titel und Stellung	Wohnort
1	Arnheim, Fritz	Dr. phil.	Berlin
2	Asenstorfer	Chorherr Professor	St. Florian
3	Bachmann, Adolf	Universitätsprofessor Dr.	Prag
4	Badstüber, H.	Professor Dr.	Baden bei Wien
5	Bauernfeind, Th.	Realschulprofessor i. R.	Salzburg
6	Beckmann	Privatdozent Dr.	München
7	Below, Georg v.	Universitätsprofessor Dr.	Tübingen
8	Berger, Franz	Dr. phil.	Linz
9	Bittner, Ludwig	Konzipist im k. u. k. Haus-, Hof- u. Staatsarch. Dr.	Wien
10	Busch, W.	Universitätsprofessor Dr.	Tübingen
11	Cartellieri, Alex.	Universitätsprofessor Dr.	Jena
12	Cartellieri, Otto	Privatdozent Dr.	Heidelberg
13	Caspar	Dr. phil.	Berlin
14	Christian, Siegfr.	Professor Dr.	Stift St. Paul
15	Chroust, Anton	Universitätsprofessor Dr.	Würzburg
16	Crohns, Hjalmar	Dozent Dr.	Helsingfors
17	Darmstädter, Paul	Privatdozent Dr.	München
18	Dengel	Dr.	Innsbruck
19	Dopsch, A.	Universitätsprofessor Dr.	Wien
20	Doren, Alfred	Privatdozent Dr.	Leipzig
21	Ebner, K.	Gymnasial-Direktor	Salzburg
22	Egelhaaf, G.	Oberstudienrat Dr.	Stuttgart
23	Erben, Antonie	Fräulein	Salzburg
24	Erben, Wilh.	Universitätsprofessor Dr.	Innsbruck
25	Fäulhammer, A.	Schulrat	Salzburg
26	Ferner, Jos.	Lehramts-Kandidat	Salzburg

Nr.	Name	Titel und Stellung	Wohnort
27	Finke, H.	Universitätsprofessor Hofrat Dr.	Freiburg i. Br.
28	Forst, H.	Königl. Archivar a. D. Dr.	Zürich
29	Fritsch, Ernst v.	Bibliothekspraktikant Dr.	Salzburg
30	Göß, Walter	Privatdozent Dr.	München
31	Goldmann	Staatsarchivbeamter Dr.	Wien
32	Hammer, Heinr.	Prof. Dr.	Innsbruck
33	Hammerle, A. J.	Studienbibliothekar a. D.	Salzburg
34	Hann, F.	Regierungsrat Dr.	Salzburg
35	Hansen, Jos.	Archivdirektor Prof. Dr.	Köln
36	Hauthaler, Willib.	Prälat zu S. Peter	Salzburg
37	Heigel, K. Th. v.	Universitätsprofessor Dr. Geh. Rat	München
38	Helmolt, Hans F.	Redakteur Dr.	Leipzig
39	Henikstein, Baron	Feldmarschall-Leutnant Exzellenz	Salzburg
40	Herzberg-Fränkel	Universitätsprofessor Dr.	Czernowitz
41	Hetteger, G.	Professor Dr.	Salzburg
42	Hirn, J.	Hofrat Professor Dr.	Wien
43	Hirsch, H.	Dr. phil.	Wien
44	Höbl, Roman	Professor Dr.	Wien
45	Holzmann, R.	Privatdozent Dr.	Straßburg
46	Ilgen, Theod.	Königl. Archivdirektor Archivrat Dr.	Düsseldorf
47	Jacob, K.	Privatdozent Dr.	Tübingen
48	Jaksch v., Wartenhorst, A.	Landesarchivar Dr.	Klagenfurt
49	Jung, Julius	Universitätsprofessor Dr.	Prag
50	Kallbrunner, Jos.	Cand. phil.	Wien
51	Kampers, Franz	Universitätsprofessor Dr.	Breslau
52	Kaser, Kurt	Privatdozent Dr.	Wien
53	Kaufmann, G.	Universitätsprofessor Dr.	Breslau
54	Kemmerich, M.	Dr. phil.	München
55	Keßner, Emma	Fräulein Cand. phil.	Wien
56	Kirchhammer, Alexander	Feldmarschall-Leutnant Exzellenz	Wien
57	Klose, Olivier	Gymnasialprofessor	Salzburg
58	Köchl, Karl	Gymnasialprofessor Dr.	Salzburg
59	Koehne, Karl	Privatdozent Dr. jur. et phil.	Berlin
60	Kötzschke, Rudolf	Privatdozent Dr.	Leipzig
61	Kolbe, Th.	Universitätsprofessor Dr.	Erlangen

Nr.	Name	Titel und Stellung	Wohnort
62	Krieger, A.	Archivrat Dr.	Karlsruhe
63	Kuenburg, Gandolf Graf	Minister a. D. Exzellenz	Salzburg
64	Kuenburg, Max Gandolf Graf		Salzburg
65	Kuske, B.	Dr. phil.	Köln
66	Lechner, Hans	Privatdozent Dr.	Wien
67	Leibinger, Georg	Sekretär der k. Hof- u. Staats-Bibliothek Dr.	München
68	Lentner, Ferd.	Universitätsprofessor Dr.	Innsbruck
69	Lindental	Gymnasialprofessor	Oberhollabrunn
70	Lindner, Theob.	Universitätsprofessor, Geheimrat Dr.	Halle a. S.
71	Loehr, Aug. R. v.		Wien
72	Lösch, Franz	Lehrer	Salzburg
73	Loesche, Georg	Regierungsrat Prof. Dr.	Wien
74	Lundenius, G. Ab.	Vortragender Rat a. D. im finnl. Senat	Helsingfors
75	Luschin v. Ebengreuth	Universitätsprofessor Hofrat Dr.	Graz
76	Martin, Franz	Cand. phil.	Wien
77	Mayer, Ludwig	Bibliothekskriptor Dr.	Salzburg
78	Mayer, Theodor	Cand. phil.	Wien
79	Medicus	Finanz-Prokurator Dr.	Salzburg
80	Mell, Anton	Privatdozent Dr.	Graz
81	Mell, Richard	Cand. iur.	Salzburg
82	Melzer, Viktor	Cand. phil.	Wien
83	Menadier	Professor Dr. Direktor des kgl. Münzkabinetts	Berlin
84	Mentz, G.	Universitätsprofessor Dr.	Jena
85	Meyer v. Knonau	Universitätsprofessor Dr.	Zürich
86	Myrbach v. Freih.	Hofrat	Salzburg
87	Mollwo, Karl	Dr. phil.	Tübingen
88	Müller, Franz	Cand. phil.	Wien
89	Mudrich, A.	Archivar Dr.	Salzburg
90	Ohr, W.	Privatdozent Dr.	Tübingen
91	Ottenthal, E. v.	Universitätsprofessor Dr.	Wien
92	Perktold	Bezirks-Schulinspektor	Salzburg
93	Pezolt, Ludwig	Kanzlei-Direktor a. D.	Salzburg
94	Pirenne, Henri	Universitätsprofessor Dr.	Gent
95	Prem, S. M.	Gymnasialprofessor Dr.	Graz
96	Preuß, Georg	Dozent Dr.	München

Nr.	Name	Titel und Stellung	Wohnort
97	Puchleitner, Seraphine	Hauptlehrerin Dr.	Marburg a. D.
98	Puthon, Viktor Freiherr von	k. k. Statthalter a. D., Exzellenz	Salzburg
99	Quidde, Ludwig	Professor Dr.	München
100	Rachfahl, Felix	Universitätsprofessor Dr.	Königsberg
101	Rebhann	Professor	Wien
102	Reblich, Osw.	Universitätsprofessor Dr.	Wien
103	Reischel	Oberlehrer Dr.	Hannover
104	Richter, Eduard	Universitätsprofessor Hofrat Dr.	Graz
105	Rief, P. Josef	Gymnasialprofessor	Bozen
106	Riegl, Alois	Universitätsprofessor Dr.	Wien
107	Rietschel	Universitätsprofessor Dr.	Tübingen
108	Salomon, F.	Universitätsprofessor Dr.	Leipzig
109	Sauter	Frau Hofrat	Salzburg
110	Scala, R. von	Universitätsprofessor Dr.	Innsbruck
111	Schiffmann, Konr.	Professor Dr.	Linz
112	Schmidt, Hans	Gymnasialdirektor	Salzburg
113	Schock, J.	P. Professor	Seitenstetten
114	Schulte, Alois	Universitätsprofessor Dr.	Bonn
115	Schulz, Otto	Privatdozent Dr.	Leipzig
116	Schumacher, A.	Landeshauptmann Dr.	Salzburg
117	Schuster, Richard	Archivdirektor Dr.	Salzburg
118	Schwind, von	Universitätsprofessor Dr.	Wien
119	Simonsfeld, H.	Universitätsprofessor Dr.	München
120	Spängler, Franz	Oberlandesgerichtsrat Dr.	Krems
121	Srbik, Heinr.	Ritter von, Dr. phil.	Wien
122	Stälin, P. von	Archivdir. Geh. Rat Dr.	Stuttgart
123	Starzer, A.	Statthalterei-Archivdirektor Dr.	Wien
124	Stieve, Fritz	Stud. phil.	München
125	Straganz, P. Max	Gymnasialprofessor	Hall
126	Stritzko, Rudolf	Dr. phil.	Wien
127	Strnadt	Oberlandesgerichtsrat	Linz
128	Strobl, von	Rittmeister	Graz
129	Swoboda, Heinr.	Universitätsprofessor Dr.	Prag
130	Sylvester	Reichstagsabgeord. Dr.	Salzburg
131	Tille, Armin	Herausgeber der „Deutsch. Geschichtsbl." Dr.	Leipzig
132	Tobner, P. Paul	Stiftsarchivar	Lilienfeld
133	Troyer, Otto	Dr. phil.	Salzburg

Nr.	Name	Titel und Stellung	Wohnort
134	Vancsa, M.	Kustos Dr.	Wien
135	Vilas, Herm. von	Vize-Bürgermeister Dr.	Salzburg
136	Voltelini, von	Universitätsprofessor Dr.	Innsbruck
137	Wangerin	Oberlehrer Dr.	Duisburg
138	Wersebe, Gisbert	Baron	Salzburg
139	Werunsky, Emil	Universitätsprofessor Dr.	Prag
140	Widmann, Hans	Gymnasialprof. a. D. Dr.	Salzburg
141	Wirth, Albert	Privatdozent Dr.	München
142	Wolfram, J.	Professor Dr.	Bamberg
143	Wopfner, Herm.	Privatdozent Dr.	Innsbruck
144	Wretschko, von	Universitätsprofessor Dr.	Innsbruck
145	Zibermayer, Ignaz	Landesarchivar Dr.	Linz
146	Ziekursch, Joh.	Privatdozent Dr.	Breslau
147	Zwiedineck-Südenhorst, v.	Universitätsprofessor Dr.	Graz

Anhang V.

Mitglieder des Verbandes deutscher Historiker im Jahre 1904.

Nr.	Name	Titel und Stellung	Wohnort
1	Albert, P.	Stadtarchivar Dr.	Freiburg i. Br.
2	Arnheim, Fritz	Dr. phil.	Berlin
3	Bachmann	Universitätsprofessor Dr.	Prag
4	Baldamus, A.	Oberlehrer Professor Dr.	Leipzig-Gohlis
5	Beckmann	Privatdozent Dr.	München
6	Below, Georg von	Universitätsprofessor Dr.	Tübingen
7	Bernays, J.	Archivassistent Dr.	Straßburg i. E.
8	Bertololy	Reallehrer Dr.	Neustadt a. H.
9	Biermer, Magnus	Universitätsprofessor Dr.	Gießen
10	Bittner, Ludw.	Konzipist im k. u. k. Haus-, Hof- u. Staatsarchiv	Wien
11	Bloch, H.	Universitätsprofessor Dr.	Rostock
12	Böckel, E.	Gymnasialdirektor Dr.	Heidelberg
13	Borchgrave, Emile de	Königl. Belg. Gesandter, Baron, Exzellenz	Wien
14	Borries, Emil von	Oberlehrer Dr.	Straßburg i. E.
15	Brandenburg, E.	Universitätsprofessor Dr.	Leipzig
16	Brunner	Privatdozent Prof. Dr.	Pforzheim
17	Bühring, Joh.	Gymnasialprofessor Dr.	Elberfeld
18	Busch, W.	Universitätsprofessor Dr.	Tübingen
19	Cahn, Julius	Numismatiker Dr.	Frankfurt a. M.
20	Caro, G.	Privatdozent Dr.	Zürich
21	Cartellieri, A.	Universitätsprofessor Dr.	Jena
22	Conrad, G.	Dr. phil.	Münster i. W.
23	Darmstädter, Paul	Privatdozent Dr.	München
24	Diemar, Herm.	Privatdozent Prof. Dr.	Marburg i. H.
25	Doren, Alfred	Privatdozent Dr.	Leipzig
26	Düning	Professor Dr.	Quedlinburg
27	Egelhaaf, J.	Oberstudienrat Dr.	Stuttgart

Nr.	Name	Titel und Stellung	Wohnort
28	Eiber, Eugen	Königl. Reallehrer Dr.	Neustadt a. b. H.
29	Elliffen, O. A.	Dr. phil.	Einbeck (Hann.)
30	Erben, Wilhelm	Universitätsprofessor Dr.	Innsbruck
31	Finke, H.	Universitätsprofessor Hofrat Dr.	Freiburg i. Br.
32	Fischer, William	Professor Dr.	Plauen i. Vogtl.
33	Forst, H.	Königl. Archivar a. D. Dr.	Zürich
34	Fredericq, Paul	Universitätsprofessor Dr.	Gent
35	Fuchs, Karl Joh.	Universitätsprofessor Dr.	Freiburg i. Br.
36	Geffcken, H.	Hochschulprofessor Dr.	Köln
37	Genootschap	Historische	Utrecht
38	Geß, Felician	Hochschulpofessor Dr.	Dresden
39	Giannoni, Carl	Sekretär des Archivs u. d. Bibliothek des k. k. Finanzministeriums, Dr.	Wien
40	Giesecke, Alfred	Verlagsbuchhändler in Firma B.G. Teubner, Dr.	Leipzig
41	Gmelin, J.	Pfarrer Dr.	Großaltdorf bei Schwäb.-Hall
42	Goetz, Walter	Privatdozent Dr.	München
43	Gottl, Friedr.	Hochschulprofessor Dr.	Brünn
44	Grauert, Herm.	Universitätsprofessor Dr.	München
45	Großmann	Geh. Archivrat Dr.	Dobbrikow, Kr. Luckenwalde
46	Grünberg, Carl	Universitätsprofessor Dr.	Wien
47	Grupp, G.	Professor Dr., Fürstlicher Bibliothekar	Maihingen
48	Hampe, K.	Universitätsprofessor Dr.	Heidelberg
49	Hansen, Jos.	Archivdirektor Prof. Dr.	Köln
50	Hartmann, L. M.	Privatdozent Dr.	Wien
51	Hase, O. von	Hofrat Dr.	Leipzig
52	Heigel, K. Th. v.	Universitätsprofessor Geh. Rat Dr.	München
53	Helmolt, H. F.	Redakteur Dr.	Leipzig-Stötteritz
54	Herrmann, Aug.	Professor Dr.	St. Pölten
55	Herzberg-Fränkel	Universitätsprofessor Dr.	Czernowitz
56	Heyd, W.	Bibliotheksdir. a. D., Dr.	Stuttgart
57	Hilliger, Benno	Kustos a. d. Universitätsbibliothek, Dr.	Leipzig
58	Hirsch, R.	Dr. phil.	Leipzig
59	Hoeniger, Rob.	Universitätsprofessor Dr.	Berlin
60	Hoffmann, Paul	Realschuloberlehrer Dr.	Frankenberg i. S.

Nr.	Name	Titel und Stellung	Wohnort
61	Holtzmann, R.	Privatdozent Dr.	Straßburg i. E.
62	Hüffer, Herm.	Geh. Justizrat Universitätsprof. Dr.	Bonn
63	Hürbin, Jos.	Gymnasialrektor Dr.	Luzern
64	Ilgen, Theob.	Archivrat Dr., Kgl. Archivdirektor	Düsseldorf
65	Jacob, K.	Privatdozent Dr.	Tübingen
66	Jaeger, Oskar	Geh. Regierungsrat Professor Dr.	Bonn
67	Jansen, Max	Privatdozent Dr.	München
68	Kaerst, J.	Universitätsprofessor Dr.	Würzburg
69	Kampers	Universitätsprofessor Dr.	Breslau
70	Kartels, Jos.	Archivar Dr.	Fulda
71	Kaser, Kurt	Privatdozent Dr.	Wien
72	Kaufmann, A.	Gymnasialprofessor Dr.	Mülhausen i. E.
73	Kaufmann, G.	Universitätsprofessor Dr.	Breslau
74	Kehrmann	Professor Dr.	Bonn
75	Keller, E.	Direktor	Frankfurt a. M.
76	Kemmerich, M.	Dr. phil.	München
77	Reutgen F.	Universitätsprofessor Dr.	Jena
78	Kirschhammer A.	Feldmarschall-Leutnant	Wien
79	Kleinschmidt, A.	Hofrat Professor Dr.	Dessau
80	Knapp, G. F.	Universitätsprofessor Dr.	Straßburg i. E.
81	Knapp, Th.	Gymnasialrektor Dr.	Tübingen
82	Koehne, Carl	Privatdoz. Dr. jur. et phil.	Berlin
83	Kötzschke, Rud.	Privatdozent Dr.	Leipzig
84	Kolbe, Th.	Universitätsprofessor Dr.	Erlangen
85	Krieger, A.	Archivrat Dr.	Karlsruhe
86	Kröger, J.	Oberlehrer Dr.	Elberfeld
87	Krüger, G.	Professor Dr.	Gießen
88	Kurze, F.	Oberlehrer Dr.	Berlin
89	Kuske, Br.	Dr. phil.	Köln
90	Lamprecht, K.	Universitätsprofessor Geh. Rat Dr.	Leipzig
91	Lechner, Johann	Professor Dr.	Charlottenburg
92	Lehmann, Carl	Privatdozent Dr.	Wien
93	Leidinger, Georg	Sekr. an der kgl. Hof- und Staatsbibliothek Dr.	München
94	Lindner, Theod.	Universitätsprofessor Geheimrat Dr.	Halle a. d. S.
95	Lindt, K.	Professor Dr.	Darmstadt
96	Lobeck, Otto	Professor Dr.	Dresden

Nr.	Name	Titel und Stellung	Wohnort
97	Loersch, H.	Geh. Justizrat Universitätsprofessor Dr.	Bonn
98	Loesche, Georg	Regierungsrat Universitätsprofessor Dr.	Wien
99	Lohmeyer, C.	Universitätsprofessor Dr.	Mittelhufen, Ostpreußen
100	Luschin v. Ebengreuth, Arnold	Universitätsprofessor Hofrat Dr.	Graz
101	R. Mahl-Schedl von Alpenburg, Franz Josef	Ministerialrat im k. k. Ministerium d. Innern Dr.	Wien
102	Marcks, Erich,	Universitätsprofessor Geh. Hofrat Dr.	Heidelberg
103	Martens, W.	Professor Dr.	Konstanz
104	Marx, Ernst	Privatdozent Dr.	Stuttgart
105	Mayer, Fr. Martin	Direktor d. Landes-Oberrealschule, Dr.	Graz
106	Mayr, M.	Archivdirektor und Universitätsprofessor, Dr.	Innsbruck
107	Meinecke, F.	Universitätsprofessor Dr.	Straßburg i. E.
108	Mell, Anton	Privatdoz., I. Adjunkt am steierm. Landesarch., Dr.	Graz
109	Mentz, G.	Universitätsprofessor Dr.	Jena
110	Meyer, Eduard	Universitätsprofessor Dr.	Gr.-Lichterfelde bei Berlin
111	Meyer von Knonau, G.	Universitätsprofessor Dr.	Zürich
112	Michael, W.	Universitätsprofessor Dr.	Freiburg i. Br.
113	Moldenhauer, F.	Oberlehrer Professor Dr. phil.	Köln
114	Mollwo, Karl		Tübingen
115	Müller, H.	Professor Dr.	Prenzlau
116	Neumann, K. J.	Universitätsprofessor Dr.	Straßburg i. E.
117	Ohr, W.	Privatdozent Dr.	Tübingen
118	Ottenthal, E. von	Universitätsprofessor Dr.	Wien
119	Pirenne, Henri	Universitätsprofessor Dr.	Gent
120	Prem, S. M.	Gymnasialprofessor Dr.	Graz
121	Preuß	Privatdozent Dr.	München
122	Prutz, H.	Geheimrat Universitätsprofessor a. D. Dr.	München
123	Quidde, Ludw.	Professor Dr.	München
124	Rachfahl, Felix	Universitätsprofessor Dr.	Königsberg i. Pr.
125	Rebhann	Professor	Wien
126	Redlich, Osw.	Universitätsprofessor Dr.	Wien
127	Rethwisch, C.	Professor Dr.	Charlottenburg

Nr.	Name	Titel und Stellung	Wohnort
128	Rietschel	Universitätsprofessor Dr.	Tübingen
129	Salomon, F.	Universitätsprofessor Dr.	Leipzig
130	Scala, von	Universitätsprofessor Dr.	Innsbruck
131	Schäfer, Ernst	Privatdozent Dr.	Rostock i. M.
132	Scheibe	Dr. phil.	Paris
133	Schickinger, Herm.	K. k. Gymnasialprofessor	Salzburg
134	Schiff, O.	Hilfsbibliothekar Dr.	Frankfurt a. M.
135	Schlitter, H.	Archivar Dr.	Wien
136	Schmoller, G.	Universitätsprofessor Geh. Rat Dr.	Berlin
137	Schneider, Eugen	Archivrat Dr.	Stuttgart
138	Schnürer, Gust.	Universitätsprofessor Dr.	Freiburg (Schw.)
139	Schock, P. Josef	Gymnasialprofessor	Seitenstetten
140	Schulte, Alois	Universitätsprofessor Dr.	Bonn
141	Schulz, Otto	Privatdozent Dr.	Leipzig
142	Schulze, H.	Oberlehrer Professor	Barmen
143	Schuster, Richard	Archivdirektor Dr.	Salzburg
144	Schwemer, Rich.	Gymnasiallehrer Prof. Dr.	Frankfurt a. M.
145	Seeliger, Gerhard	Universitätsprofessor Dr.	Leipzig-Gohlis
146	Sieveking, Heinr.	Universitätsprofessor Dr.	Marburg i. H.
147	Sorgenfrey	Gymnasialprofessor Dr.	Neuhaldensleben
148	Spannagel, K.	Universitätsprofessor Dr.	Münster i. W.
149	Stälin, P. von	Archivdir., Geh. Rat Dr.	Stuttgart
150	Stern, Alfred	Universitätsprofessor Dr.	Zürich
151	Stritzko, Rud.	Dr. phil.	Wien
152	Sutter, C.	Professor Dr.	Freiburg i. Br.
153	Tesdorpf	Direktor der Mädchenschule Dr.	Hildesheim
154	Thorbecke, Aug.	Geh. Hofrat Dr.	Heidelberg
155	Thubichum, F. v.	Universitätsprof. a. D. Dr.	Tübingen
156	Tille, Armin	Herausgeber der „Deutsch. Geschichtsbl." Dr.	Leipzig
157	Toeche-Mittler, T.	Verlagsbuchhändler Dr.	Berlin
158	Trapet, Augustin	Privatgelehrter	Ehrenbreitstein
159	Traut, H.	Bibliothekar an der Stadtbibliothek, Dr.	Frankfurt a. M.
160	Ulmann, H.	Geheimrat Universitätsprofessor Dr.	Greifswald
161	Unzer, A.	Universitätsprofessor Dr.	Kiel
162	Varges, W.	Gymnasialoberlehrer Dr.	Ruhrort
163	Vigener, Fritz	Dr. phil.	Gießen
164	Vogt, Ernst	Dr. phil.	Gießen

Nr.	Name	Titel und Stellung	Wohnort
165	Vogt, Wilhelm	Gymnasialrektor Dr.	Nürnberg
166	Voltelini, Hans v.	Universitätsprofessor Dr.	Innsbruck
167	Voß, W.	Bibliothekkustos Dr.	Schwerin i. M.
168	Wahl, A.	Privatdozent Dr.	Freiburg i. Br.
169	Wangerin, Ernst	Oberlehrer Dr.	Duisburg
170	Weber, Ottokar	Universitätsprofessor Dr.	Prag
171	Weech, Friedr. v.	Archivdir., Geh. Rat Dr.	Karlsruhe
172	Wehrmann, Mart.	Gymnasialprofessor Dr.	Stettin
173	Welzhofer, H.	Professor Dr.	Baden-Baden
174	Wendland, W.	Dr. phil.	Göttingen
175	Werunsky, Emil	Universitätsprofessor Dr.	Prag
176	Will, E.	Archivrat Dr.	Regensburg
177	Wille, J.	Prof. Dr., Oberbiblioth.	Heidelberg
178	Wohlwill, A.	Professor Dr.	Hamburg
179	Wolfram	Archivdirektor Dr.	Metz i. E.
180	Wolfram, Ludw.	Kgl. Gymnasialprof. Dr.	Bamberg
181	Ziekursch, Joh.	Privatdozent Dr.	Breslau
182	Zimmermann, Fr.	Archivar	Hermannstadt
183	Zwiedineck-Südenhorst, H. v.	Universitätsprofessor Dr.	Graz

Pierersche Hofbuchdruckerei Stephan Geibel & Co. in Altenburg.

Printed by Libri Plureos GmbH
in Hamburg, Germany